# SÍ SE PUEDE CONQUISTAR EL SUEÑO AMERICANO

# SÍ SE PUEDE CONQUISTAR EL SUEÑO AMERICANO

La historia de la migrante que pasó de empleada a millonaria

## Miriam Landin

Sí se puede conquistar el sueño americano
© 2022 by Miriam Landin

Proceso editorial:
    Dirección editorial: Blanca García Díaz
        Contacto: blancaygarcia@gmail.com
    Asistencia: Andrés Cárdenas Donayre
    Corrección de estilo: Oscar Prada Gil
    Fotografía: Lina Ocampo Chic

Editorial Revive
www.editorialrevive.com

Todos los derechos reservados. Ninguna parte de esta publicación puede ser reproducida, distribuida o transmitida en cualquier forma o por cualquier medio, incluyendo fotocopias, grabaciones u otros métodos electrónicos o mecánicos, sin el permiso previo por escrito del autor, excepto en el caso de citas breves incorporadas en revisiones críticas y ciertos otros usos no comerciales permitidos por la Ley de derechos de autor.

Impreso en los Estados Unidos de Norteamérica

Primera edición: Octubre de 2022

# Agradecimientos

Agradezco primeramente a Dios por el privilegio que me dio de hacer mi sueño realidad de escribir y compartir con ustedes este libro; a mi amado esposo Julio Landin por animarme a dar este paso; a mi único y amado hijo Josstin, que desde que nació ha sido el motor para no rendirme; a mis amados padres, José Luis Flores Alvarado y Lilia Banda Barbosa; a mis amados hermanos, Vanessa Flores Banda, José Luis Efraín Flores Banda y Lilia Jimbaleth Flores Banda; a mi hermana en Cristo María Pérez; a mis bellos sobrinos Emilio Yamilh, Aeleen Melissa y Mildred Vanessa; a mis queridos pastores Manuel y Leticia García, por todas sus oraciones; a mi maravillosa organización de *Tupperware* «Sí Se Puede Sales»; a cada directora y director, a cada manager, a cada consultor, que sin duda alguna han dejado huella en mi vida y la siguen dejando; a mis grandes mentores Martha y Walne Hodgson y a mis líderes Erin y Gary Lewis, por poner su confianza en nosotros para seguir su legado en la empresa; a Lupita Torres, por compartirnos su sabiduría y experiencia; por supuesto, a mi gran y eficiente equipo de oficina, especialmente a Laura Ortiz y Elizz Marggoli, que me han apoyado en todo momento sin reservas. A todos ustedes dedicó este maravilloso libro.

# Índice

| | |
|---|---|
| Prólogo | 13 |
| Recordar me mantiene humilde el corazón | 17 |
| El momento perfecto para emigrar a los EE. UU. | 25 |
| Vino por agua de horchata… se llevó mi corazón. | 31 |
| Si ellas pueden, ¿por qué yo no? | 35 |
| El Pan de Vida detrás de una caja de comida | 39 |
| Retrocediendo para tomar impulso | 43 |
| Una tormenta por dentro | 49 |
| Cesó la horrible noche | 53 |
| Dejando un legado para mi heredero | 59 |
| La triste realidad que enfrentamos los latinos | 65 |
| Heridas cicatrizadas | 69 |
| Sí se puede | 73 |
| Cafecitos para el alma | 79 |
| Ejemplo de superación | 83 |
| La lección de la pandemia | 87 |
| Libro de sueños | 89 |
| Eres la iglesia donde quiera que vayas. | 93 |
| Ayudando a otros a salir de sus crisis | 99 |
| Ayuda a otros, pero espera la recompensa de arriba | 103 |
| Historias que inspiran. | 107 |
| De cada falla he aprendido. | 115 |
| Sobre la autora | 119 |

## Prólogo

Las situaciones difíciles de la vida pueden llevar a una crisis más profunda, o tallar un carácter fuerte, dispuesto a pagar el precio del éxito; todo depende de la actitud que se asuma. Para mi orgullo materno, este último es el caso de Miriam, la mayor de mis cuatro hijos. Nuestra precaria economía familiar y su corazón inquieto la llevaron a cruzar la frontera hacia los Estados Unidos. Prometió nunca abandonar a su hijo y cumplió su palabra... lo llevó consigo, a pesar de las implicaciones. El proceso no fue fácil para ella, pero las carencias y adversidades fueron el combustible que mantuvo la llama de la motivación encendida.

A pesar de las contrariedades, logró conseguir un empleo para tener un techo sobre su cabeza y alimentar a su hijo. Pero en medio de la vida rutinaria de largas horas de trabajo, con su hijo al cuidado de desconocidos, se preguntó a sí misma: «¿Acaso es este mi sueño americano? ¿Para esto crucé la frontera?». Su espíritu de guerrera volvió a tomar aliento, y con la ayuda de su Dios retomó la ruta correcta, desempolvando sus objetivos personales hacia una vida colmada de satisfacción y emprendimiento.

Tal vez hoy tengas días muy difíciles y necesitas una guía para cambiar los altibajos que te agobian, o requieras encontrar respuesta a tus dudas, de cómo desarrollar habilidades de superación para escapar del fango de tus propios errores, o del hoyo en que la vida misma te ha metido. ¡Tienes el libro correcto en tus manos! Estás a punto de descubrir una historia fascinante, que además de conmover tu corazón logrará servir de guía para trasformar tu vida en un logro y éxito total.

**Lilia Banda Barbosa**
Madre

*Pues yo sé los planes que tengo para ustedes –dice el Señor–. Son planes para lo bueno y no para lo malo, para darles un futuro y una esperanza.*

Jeremías 29.11 (NTV)

*Sí se puede conquistar el sueño americano*

Mis orígenes. En compañía de mi mamá, mis hermanos y mis sobrinos.

*Miriam Landin*

## Recordar me mantiene humilde el corazón

Me encanta la sensación de la brisa en mi rostro cuando conduzco mi *Mercedes Benz* convertible. Lo que más me gusta no es el olor a nuevo que todavía conserva, sino pensar que tengo semejante lujo sin pagar un solo peso para sacarlo del concesionario. Cada dos años estreno un nuevo automóvil por ser una directora de ventas destacada en mi compañía.

Pero lo que más disfruto es caminar por los pasillos del aeropuerto. Siento una sensación de libertad cuando preparo mis maletas, la satisfacción de escoger el destino que quiera, sin que el presupuesto me lo impida. Argentina, Guatemala, México, Canadá, Noruega… y apenas empieza mi aventura; ¡quiero conocer el mundo entero! Todavía me cuesta creer que tardé ocho años para tener todo en regla y poder regresar a mi país. Ahora tengo ciudadanía americana y todos los privilegios que esa credencial me otorga.

Mientras terminaba de escribir este libro, estaba sentada sobre una banca en las playas de Hawái, disfrutando del follaje tropical y la arena dorada, sintiéndome plena, agradecida, porque después de tanto sufrimiento sembrando la preciosa semilla, ahora puedo regocijarme, llevando fruto abundante.

Me siento en vacaciones permanentes. Cuando regreso de mis viajes, despierto en una cómoda habitación; me gusta abrir la ventana y disfrutar la vista: la piscina en el patio de mi casa, rodeada de un ambiente natural. Podría quedarme en cama todo el día si quisiera. Junto con mi esposo, logré desarrollar un negocio que se mueve solo. Compramos un inmueble para nuestras oficinas, cerca de nuestra casa; allí trabaja nuestro equipo de ventas, con todas las comodidades que siempre quise para mí cuando fui empleada.

No creas que mi vida siempre fue así. No nací en cuna de oro y agradezco a Dios que así no fuera. Recordar mi pasado me ayuda a mantener humilde el corazón y a disfrutar mejor los privilegios que ahora tengo. Mi propósito al contarte mi origen no es despertar lástima. Quiero servir como evidencia de que es posible salir de un agujero y escalar hasta la cima. Lo que escribo a continuación no tiene una pizca de exageración. Aunque parezca una inspiración de la novela *Los Miserables*, de Victor Hugo, es la triste realidad que viven miles de familias. Una realidad que puede cambiar, como me ocurrió a mí.

Nací en México, Torreón Coahuila, la ciudad del equipo de fútbol *Santos Laguna*. No era una ciudad prospera. Fue el lugar que me vio crecer en un hogar disfuncional. Mi padre nos dejó cuando éramos muy pequeños. Al principio se iba a trabajar, pero no regresaba a casa. Tardaba hasta un mes en retornar, y siempre con poco dinero. Hasta que un día se fue y nunca más volvió.

A falta de un papá, tuvimos la fortuna de contar con una madre que hizo todo lo necesario para que no nos faltara un bocado. Pero alimentar a cuatro bocas no era nada fácil. Mamá se inventaba cualquier manera para darnos de comer. A pesar de no contar con un empleo estable, logró que el tendero de la esquina, don Pepe, le fiara alimentos. Él escribía la lista de productos fiados en un cartón de galletas o de cigarros. Mi madre solo pedía lo necesario para quitarnos el hambre: Pan, leche, huevos. Por algunos días comimos lo suficiente, hasta que el cartón de la cuenta no tuvo espacio para escribir más productos. Ese día no hubo más comida para traer a casa.

Lo que más recuerdo de aquellos tiempos es que siempre teníamos hambre. Mamá hacía cualquier cosa para llegar con algo de comer. Cuando traía pan, lo partía en cuatro. Demoraba más partiéndolo que nosotros devorándolo. Ella nos veía comer con una sonrisa pálida en los labios. «¿Ya comiste, mamá?», le preguntaba. «Sí, ya comí; coman tranquilos», me respondía, pero sus ojos me decían otra cosa.

Vivíamos en un cuarto. En esas cuatro paredes dormíamos los cinco integrantes de la familia. Mamá improvisó una cocina en ese pequeño lugar. La ducha quedaba afuera del cuarto, hecha de cortinas plásticas, sin techo. Bañarnos en ese lugar siempre era un riesgo. Alguien podía vernos desde arriba o mover la cortina. Era lo que nos había tocado. ¿Qué más podíamos hacer?

Mamá hizo todo lo necesario para mantenernos en la escuela. Pensaba en nuestro futuro y sabía que el estudio era necesario para mejorar nuestra condición de vida. Todos los uniformes de la escuela eran de segunda mano. Mamá buscaba ayuda y siempre había alguien de buen corazón que los donaba.

No teníamos energía eléctrica. No había con qué pagar las cuentas de servicios públicos. Las tareas de la escuela se hacían a la luz de una vela. Era muy pequeña para comprenderlo todo, pero de algo sí estaba segura: no quería seguir viviendo en esas condiciones. Además de la panza vacía, también me dolía el corazón; un corazón lleno de sueños por cambiar las cosas. Desde entonces, un pensamiento empezó a abrazar mi mente: No quiero vivir así; necesito romper esta cadena.

La única forma en que las cosas podían cambiar era consiguiendo más dinero. Yo era la mayor entre mis hermanos. Esa posición me comprometió a asumir esa carga sobre mis hombros, buscando dinero, pero no sabía cómo.

Mamá a veces trabajaba completando largas jornadas como camarera en un hotel.

Cuando tenía siete años, un primo fue a visitarnos. Queriendo ser amable con la visita le ofrecí café. Fui a la cocina y puse una olla de agua a hervir. Por alguna razón que todavía no comprendo, en vez de apagar la estufa, agarré la olla caliente sin protección. Mi reacción hizo que toda el agua cayera sobre el brazo izquierdo. Sufrí quemaduras de segundo grado. Las heridas causadas se complicaron al punto de recibir cuarenta curaciones. ¡El brazo se me estaba desbaratando! Fue un largo proceso de restauración. Por la misericordia de Dios pude superar esa crisis, pero desde entonces no asomo mis narices en una cocina. Así que, me dediqué a algo que nada tuviera que ver con la cocina, y que me convirtió en la mujer exitosa que soy ahora: las ventas.

Mi abuelita Inés vivía a unas cuadras de mi casa, en un pequeño jacal construido con palos y cartón. No había piso de mineral; el suelo era de tierra. El techo tenía que ser reparado cada vez que llovía con viento. De una de las varas que soportaban el techo de cartón, pendía de un alambre una canastica de mimbre. Siempre que visitaba a la abuela, ella bajaba la canastica con un palo de escoba, y de ella sacaba un trozo de pan. Recordarlo me conmueve. A pesar de sus recursos limitados, siempre había un trozo de pan para mí. Ningún restaurante del mundo, por fino y sofisticado que sea en sus productos o servicios, ha podido brindarme una experiencia tan deliciosa como el bocado de mi abuela; un alimento que pasaba por mi boca, y llegaba directo al corazón.

Empecé a vender a la edad de once años. Vendía paletas de dulce. Después de la jornada escolar, salía con mi hermano Efren. Vendíamos puerta a puerta en las calles de mi barrio y en el trayecto de la escuela hasta mi casa. Como buena vendedora, tenía una estrategia en mente. No le ponía precio a mis paletitas de dulce. «Te doy la paleta, y lo que gustes darme estará bien», era mi argumento delante de mis clientes. Todos nos miraban de los pies a la cabeza. Ese escaneo era suficiente para enterarsen de que padecíamos gran necesidad. Casi todos nos pagaban un precio más alto del valor comercial de las paletas. Así llegábamos felices a casa, ayudando a mamá con los gastos familiares.

En verano, cuando no tenía que ir a la escuela, trabajé en una fábrica de ropa, en una maquiladora. Mis manos eran pequeñas e inexpertas, así que no me permitieron trabajar en las máquinas de coser. Me encargaba de quitarle los hilos sobrantes a los pantalones recién cosidos. Usaba una tijera para completar la labor. Pasaba tantas horas haciendo ese trabajo rutinario que, sin darme cuenta, mi dedo pulgar ampollado comenzó a infectarse. Con los días, empezó a salir pus de la herida. Me aguantaba el dolor para poder llevar de comer a mi casa, hasta que vieron mi estado. Lo tenía tan hinchado y de mal aspecto que no me dejaron continuar trabajando.

Así transcurrió mi niñez, trabajando en vacaciones y vendiendo paletas de dulce y otros productos alimenticios puerta a puerta. A pesar de las dificultades económicas, mamá logró sacarnos adelante. De mi parte, puse todo mi empeño para que su labor fuera menos dolorosa.

Aunque hacía grandes esfuerzos por ayudar en los gastos de mi casa, todo mi trabajo y el de mi madre parecían insuficientes. Pensaba que el destino se había ensañado con nosotros, hasta que escuché una historia que tocó mi corazón. Uno de los vecinos había salido hacia los EE. UU. y regresó un tiempo después. Por primera vez escuché lo que abrazaría como mi propio anhelo: El sueño americano. Por alguna razón, comencé a escuchar con mayor frecuencia los casos de personas que emigraban al país vecino y enviaban dinero a sus familias o regresaban con mejores condiciones financieras. Desde niña comencé a soñar con pasar la frontera, rumbo a los EE. UU. También recibí noticias de personas que partieron y no dejaron rastro alguno o fueron deportados por no tener documentos en regla. Pero como el que no entiende razones, solo me concentré en los casos de éxito. Si otros lo habían logrado, ¿por qué no podía hacerlo yo? Lo platicaba en mi mente y cada día crecía ese deseo en mi interior.

*Todos estamos aquí por una razón especial. Deja de ser un prisionero de tu pasado. Conviértete en un arquitecto de tu futuro.*

Robin S. Sharma

*Sí se puede conquistar el sueño americano*

¡Lista para superar obstáculos!

## El momento perfecto para emigrar a los EE. UU.

Cuando tuve edad suficiente y condiciones económicas, hice las diligencias para adquirir la visa americana, pero me la negaron. La vida no me ha dado las cosas fáciles, pero ha formado mi carácter para luchar hasta lograr mis metas. Dejé mi sueño americano en *standby*. El destino tenía otros asuntos importantes para mí.

Conocí a un hombre que parecía llenar todas mis expectativas. Enamorada me casé con él. Fue una relación que duró seis años. Aunque no fui tan feliz como esperaba, de esa relación recibí uno de los regalos más grandes que pude haber recibido: mi hijo Josstin.

La separación era inevitable. Con el corazón lastimado y una situación económica que parecía mirar al ayer, tenía que reaccionar antes de que las cosas pasaran de castaño a oscuro. No quería repetir la historia familiar. Imaginar a Josstin padeciendo la misma escasez que sufrí junto a mi familia me provocaba un nudo en la garganta. Así que vi en las circunstancias el momento perfecto para emigrar a los EE. UU. Me prometí no hacerlo sola. LLevaría a mi hijo conmigo, cualquiera fuera mi situación.

Mientras planeaba mi viaje, un amigo me pidió ayuda. Unas amigas suyas cruzarían la frontera. No tenían documentos para hacerlo de forma legal, así que intentarían hacerlo y la hazaña les podría tomar varios días. Ya que mi casa estaba ubicada en Tijuana, Baja California, podía prestar mi casa como hospedaje para este grupo de mujeres, gracias a la cercanía con el paso fronterizo.

Ellas compartían el mismo sueño que yo. ¿Cómo no ayudarlas? Mientras estuvieron en casa traté de brindarles la mejor atención posible. Veía en sus rostros la ilusión de una vida mejor; me veía reflejada en ellas.

Lo que pensé que tardaría pocos días se convirtió en semanas. Sin embargo, tuve toda la paciencia con el grupo de mujeres. La convivencia no era fácil, pero sentía en mi corazón que tenía que tenderles la mano.

Cuando por fin lograron atravesar la frontera, se alojaron en California, alquilando una casa grande, junto con otros inmigrantes. Aproveché que tenía contacto telefónico con ellas para pedirles asilo temporal en ese lugar. Para mi fortuna, accedieron a recibirme.

Así empezó mi sueño americano, llevando a mi hijo de apenas cuatro años de edad, y una maleta con pocos bienes, pero cargada de muchos sueños. Sin embargo, me pesaban más los miedos y la incertidumbre. No tenía idea de cómo pedir trabajo siendo indocumentada. No tenía familiares en los EE. UU. Solo conocía al grupo de mujeres que me recibiría en California, pero había sido una relación de pocos días.

Logramos atravesar la frontera, brincando la barda para llegar. El corazón me latía más fuerte que nunca. «¡Por fin estaba cumpliendo mi sueño!», pensé; no imaginaba que lo difícil apenas comenzaba.

Llegamos a Sacramento, California. Reflexioné que tal vez no había traído ropa suficiente, especialmente para Josstin. Llegamos en época de invierno y tiritábamos de frío. Nunca había sentido tanto frío en mi vida. Podía ver el vapor de mi respiración. Viajamos por siete horas, que me parecieron eternas. Finalmente llegamos a la casa donde nos hospedaríamos; el lugar que habían alquilado las mujeres que recibí en mi casa.

Pensaba que todo lo que había sembrado en ellas al recibirlas en mi casa, ofreciéndoles la mejor atención posible, era suficiente para recibir el mismo pago. ¡No podía estar más equivocada! Desde el primer día sentí una mala vibra de ellas hacia nosotros. Fueron groseras e indiferentes. ¡Estaba sorprendida! Hasta en los detalles más pequeños se notaba la molestia que les provocaba mi presencia y la de mi hijo en ese lugar. ¿Qué más podía hacer? Tenía que aguantar. ¡No tenía a dónde más ir!

Me sentía desorientada. No sabía por dónde empezar a buscar trabajo. La actitud de ellas tampoco favorecía pedirles ayuda. Me asomaba por la ventana y mientras veía caer la nieve, el corazón se me ponía como un tempano de hielo. Tenía poco dinero y necesitaba conseguir trabajo urgentemente. Pensaba salir a buscar trabajo con mi hijo a cuestas, pero la nieve me obligó a dejarlo con ellas.

No sabía por dónde comenzar. Era una ciudad completamente desconocida. El invierno hacía más cruda mi situación. Después de largas horas tocando puertas, hablando en negocios, enfrentándome a un lenguaje desconocido y a la indiferencia que sufren los inmigrantes, regresé a casa con la misma incertidumbre. Sentía una guerra en mi interior. No podía controlar mi situación. Estaba sola, sin dinero, con hambre, con frío, en un sistema totalmente diferente. Las únicas personas cercanas eran las mujeres de la casa, y me trataban como si fuera menos que ellas. ¡Ni una toalla me prestaron para bañarme! ¿Qué tenían contra mí? Parecían tener celos, o quizá pensaban que les iba a generar más gastos; no sé que pasaba por sus mentes, pero si querían hacerme sentir mal, lo estaban logrando con creces.

Después de varias semanas, por fin pude conseguir trabajo. Logré un puesto en una pizzería. Trabajé con la mejor actitud. Era mi primer empleo y quería asegurarme de tener un puesto fijo. Pero lo que me hicieron después de una ardua semana de trabajo fue como un balde de agua fría. Cuando fui a recibir mi cheque de pago, el administrador me dijo que se había extraviado mi cheque. ¡Era la cosa más extraña que había escuchado en mi vida! Se extravió mi cheque, así de simple. ¡Trabajé una semana completa sin recibir un centavo por mi trabajo! ¿A quién podía acudir para pedir justicia?, ¿a una oficina de empleo? ¡Ni loca! Me deportarían de inmediato por ser indocumentada. Solo pude tragarme toda la amargura que tenía amarrada en la garganta, y salir al siguiente día a buscar otro trabajo.

La convivencia en casa era insoportable. No tenía con que pagar el tiempo que habían cuidado a mi hijo durante la semana de trabajo. No tuve más remedio que llamar a mi madre y pedir ayuda. Por fortuna, conseguí dinero prestado y la información de un contacto que me recibiría por unos días en su casa, mientras encontraba un trabajo. Así, viajé a Anaheim, en California, a dos horas de la frontera.

Nos recibió un conocido de mi madre. Un hombre que me doblaba en edad. Fue respetuoso y amable. Nos llevaba a comer y me ayudó a conseguir empleo. Pero en pocos días reveló que sus intenciones no eran buenas. Quería algo más conmigo. Por más ayuda que pudiera brindarme, no estaba dispuesta a ceder a sus «apetitos». Cuando notó mi actitud inquebrantable, cambió completamente. De inmediato busqué un nuevo lugar donde vivir con mi hijo. Conseguí una pequeña habitación. Era suficiente. Solo me importaba tener a mi hijo cerca; no necesitaba más compañía.

El empleo que logré conseguir fue nuevamente en una pizzería. Era la cajera y también me encargaba de lavar las charolas. Para poder laborar, conseguí un sitio en el que cuidaban a mi hijo, cerca de mi lugar de trabajo. No pasó mucho tiempo para darme cuenta de que no lo cuidaban de forma debida. Cuando fui a recogerlo, su pañal estaba sucio. Era evidente que estaba en esa condición hacía mucho rato.

Siempre que iba a recogerlo tenía que soportar la misma escena: mi hijo tirado sobre una alfombra sucia, en una pequeña sala, compartiendo ese reducido espacio con otros seis niños más. Solo podía contener mis lágrimas. Alzaba a Josstin para pasarlo por encima de un barandal que había en la puerta de acceso. Nunca entré al lugar. Solo conocí la pequeña sala, y con eso era suficiente. No podía pagar algo mejor. El sueldo apenas alcanzaba para pagar el cuarto y comprar comida. Ganaba 50 dólares diarios, pero tenía que pagar 10 dólares en el lugar que lo cuidaban. Tenía que conseguir otro empleo para sostenernos y ahorrar un poco.

Conseguí un segundo trabajo de noche haciendo limpieza en un restaurante. Después de un gran esfuerzo, de salir cansada de la pizzería para trabajar varias horas en ese nuevo lugar, completé dos semanas para conseguir mi recompensa. Para mi sorpresa, la persona con la que trabajé solo me dio 100 dólares. ¡Esa cifra solamente me alcanzó para pagarle a la persona que cuidó mi hijo! No quedó ni un centavo en mis manos. Además, había quedado extenuada. Definitivamente, ni mi cuerpo ni mi mente resistirían un segundo trabajo. Así que, después de un año, decidí cambiar de lugar de habitación. Pasé de vivir en un cuarto a alquilar una sala. Tuve que tomar esa decisión para rebajar costos y evitar el maltrato que recibía por parte de los demás residentes de la casa en que vivía.

*Sí se puede conquistar el sueño americano*

Trabajando en la pizzeria

## Vino por agua de horchata... se llevó mi corazón.

En medio de tanto sufrimiento, por fin mi vida daría un giro. Esa mañana lo vi por primera vez. Vino a la pizzería por agua de horchata. Cuando vino a pagar su cuenta en la caja, lo saludé como lo hacía con todos los clientes, pero Julio sonreía más que cualquier otro. Al día siguiente, regresó. Lo siguió haciendo a diario y siempre que pagaba su cuenta me ponía tema de conversación. A decir verdad, nunca vi segundas intenciones y lejos estaba de mí empezar una relación amorosa. Mi corazón todavía estaba herido y solo quería concentrarme en trabajar, ahorrar y criar a mi hijo. Sin embargo, en medio de tanta soledad, él fue ganándose un lugar en mi corazón. Por lo menos tenía alguien con quien conversar.

Un sábado en la mañana, la mujer que cuidaba a mi hijo me dio una noticia que me cayó como un baldado de agua fría: ¡No podía cuidar a Josstin el domingo siguiente! Le insistí que no podía dejarme con semejante problema. ¿Quién cuidaría a mi hijo? No podía faltar al trabajo. El domingo era el día con más afluencia de clientes. Si me ausentaba en el negocio me sacaban de mi puesto.

Angustiada por mi situación, cuando él vino por su acostumbrada agua de horchata, no supe más que hacer que desahogarme.

—Parece que voy perder mi puesto. No tengo con quién dejar a mi hijo y no tiene edad para dejarlo solo.

Él se quedó pensativo. Luego, me dijo resuelto:

—Yo te cuido al niño.

—¡Estás loco, Julio! —le dije. Aunque se estaba ganando un lugar de confianza, no lo conocía del todo. ¿Y si tenía malas intenciones? ¿Quizá pretende robarme al niño y solo estaba esperando el momento adecuado? Pasaron mil cosas por mi cabeza en un instante. Pero el me contestó.

—No te preocupes. Trae al niño mañana, a tu trabajo. Yo me quedaré con él aquí, en las mesas del *Swap meet*. Mientras trabajas, lo tendrás a la vista todo el tiempo.

Me sorprendió su respuesta. No tenía esa idea en la cabeza. Por otro lado, tenía una presión que me hizo tomar la decisión rápidamente. Si me echaban de mi trabajo no tendría con qué pagar la renta y comer, así que acepté. Cuando llegué al trabajo en la mañana, con Josstin de la mano, ahí estaba él, esperándome, con esa sonrisa que ahora veía más encantadora que nunca.

Cumplió su palabra. Todo el tiempo permaneció con Josstin delante de mis ojos. Cuando empecé a trabajar, un pensamiento angustiante atravesó mi cabeza. «¡Puede llevarse al niño en cualquier descuido!» Pero a estas alturas solo me quedaba confiar.

Vi cuando lo llevó a comer helado. También lo subió a unos juegos infantiles que quedaban a mi vista. A esa edad, Josstin era muy grosero. Hacía pataletas, era desobediente y respondía de mala manera, al punto de darle patadas a su cuidador. Pero él permaneció paciente, desde las nueve de la mañana hasta las siete de la noche. Buscó ganarse su confianza y lo logró, sin lugar a dudas. ¡Ahora se aman como nadie!

El acto de cuidar a Josstin durante tantas horas y con tanta paciencia y amor lo puso en un lugar especial en mi corazón. Pensé que quizá desistiría, después de conocer a mi hijo, pero no fue así. Al día siguiente regresó por su agua de horchata y con una intención más clara de querer una relación conmigo.

Yo venía de un divorcio, de una frustración que todavía me pesaba en los hombros. Hacía poco tiempo había sufrido un acoso de un hombre. ¡Lo que menos quería era iniciar una relación! Pero él comenzó a insistir y no tuve más remedio que ceder. Me había demostrado una intención verdadera, no solo de amarme a mí, sino también de acoger a Josstin, y eso significó demasiado para mí. Han pasado catorce años y fue la mejor decisión que pude haber tomado.

Trabajé en la pizzería por alrededor de un año y medio, hasta que comencé a tener problemas con el propietario. Una tarde me gritó delante de algunos clientes. Me había sentado por unos momentos. Mis pies estaban hinchados al estar de pie durante tantas horas. Cuando mi jefe me vio reposando mis pies, me aventó las charolas, gritando que no podía sentarme, y que las charolas me estaban esperando. No quería volver a ese lugar. Me sentí tan humillada que quería dejar todo tirado, aunque me costará el puesto, pero fui considerada. No quise dejarlo solo. Sabía que el trabajo era pesado y no encontraría a alguien confiable de la noche a la mañana. Cuando estuve más tranquila, le pedí que no me gritara delante de los clientes y que me buscara reemplazo. Se lo dije resuelta porque ya tenía una opción de trabajo.

*Sí se puede conquistar el sueño americano*

Nuestros inicios.

## Si ellas pueden, ¿por qué yo no?

En el *Swap Meet* había un carrito, un puesto de exhibición, donde ofrecían utensilios de cocina. Las vendedoras siempre estaban impecables, bien peinadas y con un precioso uniforme. ¡Nada parecido a mis fachas!, siempre en tenis e informal. Ellas eran el lado inverso, siempre muy elegantes. Vi chicas de mi edad. Eran latinas, hablaban español. Me pregunté, ¿en qué momento estoy aquí y ellas allá? ¿Acaso no merezco también un trabajo así? Resuelta fui a preguntar de qué se trataba. Regresé desilusionada. ¡No pagaban sueldo, solo comisiones! ¿Y si no completo la renta? ¿Si no me alcanza siquiera para comer? Tenía una barrera mental. El paradigma de empleada a sueldo me estaba limitando a una gran oportunidad. Había sido vendedora desde mi niñez, pero estaba en otro país, en otra cultura y con otras reglas. Sabía vender, prospectar y tenía fluidez verbal, pero ¿cómo podría vender esos productos si mi pavor desde la niñez era la cocina? Esta experiencia me permitió demostrarme a mí misma que la mente es tan poderosa que puedes lograr cualquier cosa que te propongas. Me costó tomar la decisión, sin embargo, quería abandonar la pizzería. Como lo aprendí en el libro *La Vaca*, de Camilo Cruz, era tiempo de matar la vaca de la comodidad. Tenía que soltar el sueldo estable que tenía, que aunque era muy poco, me brindaba comodidad, para ir por algo mayor. Ahora, lo que me ayudó a dar el paso hacia mi nuevo puesto de trabajo fue mi deseo de estar más tiempo con Josstin. Quería sacarlo de ese lugar donde solo veía televisión, encerrado en una diminuta sala; quería evitar que sufriera cualquier tipo de abuso, y el nuevo trabajo me permitía llevar conmigo a mi hijo.

Tuve que comprar ropa de segunda mano para presentarme en la entrevista con un aspecto decente. Fui aceptada de inmediato. Empecé con entusiasmo. Esto fue lo que más me enamoró de mi nuevo trabajo: Nunca más tuve que pedirle a alguien que cuidara a mi hijo.

Las ventas no eran tan fáciles como en el pasado, cuando recorría las calles de mi barrio siendo adolescente. Antes, el cliente le ponía precio a las paletitas de dulce; ahora, el precio de los utensilios de cocina estaban por las nubes. Hacer una venta llevaba tiempo. Trabajé durante seis meses con esta compañía. Las ventas no fueron como esperaba.

No todo fue siempre color de rosa. Sufrí depresiones por no creer en mí misma. Me visualizaba como una tortuga, que para no enfrentar las dificultades se esconde bajo su caparazón. Ignorar los problemas no los resuelve; a veces, el resultado es inverso, la pequeña dificultad se convierte en un Goliat que precisa ser enfrentado con un corazón tan valiente como el de David. Esa actitud me llevó a tocar fondo. Tuve que recurrir a medicamentos siquiátricos. ¡Te imaginas! Mi barca estaba a la deriva, llevaba por las circunstancias, sin ningún control. Al conocer a Dios, me ocurrió como aquellos hombres desesperados, que creían que su barca se hundiría; pero cuando dejaron que Jesús tomara su lugar en la barca, el viento y la tempestad sucumbieron ante su poder. Así fue como superé la adicción a los fármacos antidepresivos. Una mañana desperté, tomé el frasco de medicamentos y dije: «no más; hoy tomo el control de mis emociones», y boté el frasco y su contenido.

Cualquiera podría juzgarme de tener un carácter débil y pusilánime, pero cuando Josstin abría el refrigerador y no encontraba alimento, y me miraba con ojos de desconsuelo, diciendo que tenía hambre, ¿cómo crees que me sentía? Sin tener un centavo ni alguien cercano que me ayudara, eso me hundía en la crisis. Si tienes hijos, sé que me estás comprendiendo. Recuerdo cuando visité a una cliente para exhibir mis artículos de cocina. Mi hijo haló mi vestido, señalando los cereales que veía sobre el refrigerador de mi cliente, diciendo que tenía hambre. No supe qué hacer. Por fortuna, mi cliente amablemente ofreció a mi hijo un plato de cereal. Tener un hijo con hambre y depender de la caridad para calmársela es algo que no le deseo a nadie.

Julio y Josstin llevando la despensa donada por la iglesia

## El Pan de Vida detrás de una caja de comida

Una compañera de trabajo me sugirió participar en una iglesia en la que compartían cajas de comida. Tuve que hacerlo porque mi pago era insuficiente. No me alcanzaba para completar la alimentación de la semana.

¡Bendita sea la soberanía divina! Creía en Dios, pero nunca lo había tenido en cuenta en mi vida. Por buscar una caja de comida, recibí mucho más que eso, alimento espiritual, ¡el Pan de Vida!

En cierta ocasión tenía que llevar a Josstin a una cita médica. El horario concordaba con la hora en que recogía la caja de comida. Entonces, Julio se ofreció a ir por la alimentación. Desde entonces comenzamos a ir juntos a la iglesia. Compartíamos muchas cosas en común. Queríamos salir adelante y él también pasaba dificultades.

Él trabajaba en un taller de pintura para automóviles. Su sueldo solo le permitía pagar un cuarto y su alimentación. Vivía solo, no tenía hijos y nunca había convivido con una pareja. En edad, era menor que yo, pero había demostrado ser muy responsable. Me acompañaba de ida y vuelta a mi trabajo. Un día en que ambos estábamos cortos de dinero, resolvimos rentar un cuarto juntos.

Cuando llegaba del trabajo, Julio tenía mi ropa lista y la comida preparada. ¿Qué más podía pedir? Sin embargo, cuando tuve la oportunidad de hablar por teléfono con su mamá, le pedí que aconsejara a su hijo alejarse de mí. No quería que su familia pensara que yo lo había buscado, seducido y sometido a estar conmigo. Pero Julio hizo todo lo contrario. Ya completamos catorce años de relación y somos el mejor equipo.

Julio era bueno en la cocina y yo en las ventas. Vimos una gran oportunidad de trabajar juntos. Él abandonó su trabajo y se unió conmigo. Yo exhibía los productos y Julio cocinaba para los clientes. Ese ambiente comercial, de estar en contacto con los clientes procurando ventas, le ayudó a superar su baja autoestima. Pasó de ser un tímido pintor de carros a conferencista.

Cuando todo parecía marchar mejor que nunca, Dios no había acabado con nosotros. Tenía un plan para llevarnos a un nuevo nivel, pero el camino sería muy doloroso.

Hay un dicho popular que dice: «Cuando la pobreza entra a la casa, el amor sale por la ventana». No es del todo cierto, pero me recuerda una penosa decisión que tuvimos que tomar: Julio y yo nos separamos en plena crisis. No teníamos cómo pagar un lugar donde vivir juntos. Peleábamos continuamente por nuestra situación; teníamos escasez de dinero, pero no de discusiones. Cuando completamos varios días sin cubrir la renta y nos pidieron desocupar el lugar, tuve la oportunidad de quedarme en casa de una familia que nos ofreció albergue. El único requisito que me impusieron fue este: solo me aceptaban con Josstin. A decir verdad, no lo pensé mucho. No solo me agobiaba la presión para abandonar el departamento que no lográbamos pagar; también las riñas de pareja me llevaron a tomar la decisión. No sabíamos si era definitivo o temporal. Pero una cosa piensas cuando tienes la cabeza caliente; otra, cuando pasan los días y no tienes a tu coequipero al lado. Fue una separación de tres semanas que me parecieron eternas. Desde entonces, somos inseparables. A veces tenemos que retroceder para tomar impulso; lo importante es no perder de vista el lugar al que pensamos llegar y aprovechar esos reveses para saltar con más fuerza.

*Sí se puede conquistar el sueño americano*

Cuando vivíamos en el coche

## Retrocediendo para tomar impulso

Julio enfermó. Tenía un dolor de espalda insoportable, provocado por una infección de muela. Al tiempo, la infección empezó a afectarle el hígado. Él no pudo volver a trabajar y yo tuve que encargarme de sus cuidados. Las ventas se fueron al piso y los ingresos también. ¡Hasta las cucarachas se fueron porque no había nada en la cocina! Sin dinero con qué pagar la renta, perdimos el departamento. Esto nos forzó a vivir en el carro durante dos semanas. ¿Sabes lo que se siente que tu hijo te diga que tiene hambre y no tengas nada para darle? Lo que más temía se estaba convirtiendo en realidad. Tocamos fondo: enfermos, sin trabajo, sin un lugar para vivir y sin comida. ¿Podíamos caer más bajo?

Buscamos refugios, iglesias, pero no encontramos nada. Me daba vergüenza pedir ayuda en mi propia iglesia. ¿Qué traía en la cabeza para no pedir apoyo a mis hermanos en la fe?

No sabíamos dónde ubicar el carro sin tener que pagar parqueadero. Además de necesitar un lugar seguro para dormir tranquilos, también debíamos evitar un atraco. No podíamos deambular mucho rato para evitar un gasto innecesario de gasolina. En medio del frío de la noche, sin conocer mucho el sector, nos estacionamos cerca a un conjunto residencial. Apagamos el vehículo y nos acomodamos lo mejor que pudimos para conciliar el sueño. Cerca de la una de la mañana, Julio se despertó con una sed desesperante. Me dijo que nunca había sentido una sed tan aguda en su vida. Después de buscar una fuente para tomar un poco de agua, regresó con nosotros al coche, mientras Josstin dormía bajo las cobijas. De pronto, una linterna nos alumbró en la cara. ¡Era la policía! Sentí que todo estaba perdido. ¡Era cuestión de horas para que nos deportaran! No teníamos documentos para estar en los Estados Unidos legalmente. ¿Acaso todo este esfuerzo había sido en vano?

El oficial me preguntó por qué estábamos estacionados allí desde hacía tantas horas. Le confesé nuestra situación. No teníamos a dónde ir. El agente me dijo que los vecinos del sector habían reportado nuestra presencia sospechosa en el lugar. «Salgan de aquí a un centro comercial; será más seguro para ustedes y nadie va a molestarlos». ¡Sentí que me volvía el alma al cuerpo! Le di las gracias, indicando que moveríamos el coche de inmediato.

Superamos la prueba de aquella noche. Pasaron los días durmiendo en el carro en el estacionamiento de un centro comercial, con dolor de espalda y en el cuello; cambiábamos de lado cada vez que una pierna o un brazo se entumía por una mala posición en un espacio tan reducido. Cuando nos sofocaba nuestra propia respiración, abríamos un poco la ventana para que entrara aire fresco, pero al poco rato cerrábamos para evitar el frío de la noche. No teníamos dónde tomar una ducha. Llevábamos a mi hijo a un baño público para limpiarle, por lo menos, su carita, antes de llevarlo a su colegio. A pesar de toda esa incomodidad y escasez, me consolaba tener conmigo a las personas más importantes de mi vida.

Julio necesitaba que le quitaran la sonda por la que drenaba el líquido que salía de su hígado a causa de la infección. Perdimos la seguridad social. No podíamos ir a una clínica sin que nos costara «un ojo de la cara». Tampoco podíamos esperar que se infectara más, así que mi esposo resolvió quitarse la sonda por sí mismo.

Cuando mi esposo pudo recuperar su salud, hizo todo lo necesario para conseguir recursos. Él mismo decía que trabajaba para Hollywood… porque vendía películas piratas, además de otros artículos, en compañía de mi hijo Josstin.

Estábamos empezando de cero; incluso habíamos descendido varios estratos en la escala de vida. Pero Dios no se había olvidado de nosotros. Como el pueblo de Israel tuvo que atravesar el desierto para llegar a la tierra que fluía leche y miel, así nos ocurrió a nosotros.

La crisis fue muy profunda. ¡Llegamos a juntar hasta 18 tickets por el estacionamiento del carro! Circulábamos con las placas del coche vencidas, desde hacía varios meses. Aquí, en los EE. UU., debes pagar placas para poder circular por un año. En ellas, aparece la fecha en que se vence el permiso de circulación. Cuando debes tickets de estacionamiento o cualquier otro tipo de multas, no puedes renovar tus placas sin pagar todos los tickets y multas. Nuestra situación económica nos tenía andando en el vehículo como delincuentes, cuidándonos de no ser vistos por agentes de policía. En una ocasión, el policía de tránsito se acercó. Yo solo podía rogar al cielo que nos hiciéramos invisibles. Con tanta necesidad encima, no podíamos soportar una infracción de tránsito, o que nos inmovilizaran el vehículo. ¡Dios tuvo misericordia!, el agente no vio las placas; de lo contrario, me habrían faltado lágrimas.

Esa no fue la única ocasión en que vimos un milagro. Aunque la mano de Dios es evidente en cada momento, hubo un día que nos dejó con la boca abierta. Ese mes no teníamos para pagar la renta. Mi esposo fue al cajero para retirar lo poco que teníamos para comprar alimentos. ¡Oh sorpresa!: Teníamos más dinero del que necesitábamos para cubrir la renta del mes. ¡Estábamos sorprendidos! Quizás alguien había depositado en nuestra cuenta por equivocación. Pero en semejante escasez, no podíamos esperar, así que sacamos el dinero. Esperamos que en cualquier momento nos llamarían del banco para solicitarnos la devolución del dinero; pero sabes, ¡hasta el día de hoy nunca nos reclamaron el dinero! Jamás supimos cómo llegó el dinero a nuestra cuenta bancaria. Estoy segura que vino del cielo, aunque no supimos qué medios humanos usó para hacerlo.

*"Sin fracaso no hay logro."*

John Maxwell

*Sí se puede conquistar el sueño americano*

Julio, mi compañero de ruta. Afronta tus retos sin perder la meta

## Una tormenta por dentro

En aquellos días de escasez caí en una profunda depresión y en una ansiedad que me estaba matando. Tanto estrés, tanta dificultad, me provocaron enfermedades psicosomáticas. Me brotaron protuberancias y una inflamación en la cabeza. La migraña era insoportable. No toleraba la luz, quería estar a oscuras todo el tiempo. Los analgésicos no menguaban la agonía. Metía mi cabeza en el chorro frío de la ducha para reducir el dolor. Como en un trance, me metía en la regadera, con la esperanza de que el agua se llevara todos mis males. Me sentaba en la tina, como un feto, dejando que el agua cayera en mi cabeza y mojara mi cuerpo. Esta situación duró varios meses. Una desesperación profunda por no tener la economía suficiente para sacar mi vida y mi familia adelante. Mi esposo llamó a varios hermanos de la iglesia para orar por mí. En su desesperación, llamó al pastor a media noche, buscando una solución. Muchas personas me apoyaron. Cuando no contestaba uno, lo hacía el otro. Admiro mucha a las personas que, cuando las necesitan, están presentes, sin excusa alguna. En muchas ocasiones, por la premura, el pastor salía a orar en pijama. No le importaba dejar a su familia para atender nuestras necesidades. Los cristianos son muy criticados, pero tengo que reconocer la alta estima que tengo por mis pastores. Ellos nos han apoyado. Han orado por todas estas cosas buenas que nos están pasado. Estoy segura que lo recogido es parte de las oraciones de mis pastores y mis hermanos. No solo lo hacen por un título o una imagen; es evidente que lo hacen de corazón.

Asistí al psicólogo y luego al psiquiatra. Me mandaban medicación para tranquilizarme, relajantes para que durmiera, y medicación en la mañana para que despertara. 24 horas drogada con fármacos psiquiátricos. Cuando empecé a ir a la iglesia, me dije: «No puedo permitir que mi vida se siga hundiendo más». Mi cuerpo estaba tolerando los fármacos; necesitaba más dosis para tener el mismo efecto. Poco a poco, me dije: «Tengo que ser muy valiente; tengo que luchar contra todo esto. El enemigo me quiere así, pero no es el plan de Dios». Necesitaba un cambio. Me hundía sin resurgir.

Me invitaron a un retiro, en la montaña. Acepté la invitación, pero mi actitud no era la mejor; tuve dificultades para ir. Estaba desanimada, aunque muchas personas me habían motivado. No imaginaba qué me iba a pasar allá. Acepté la invitación para no hacer desplantes ante tanta insistencia. Fue todo un fin de semana. Recibí muchas charlas que impactaron mi corazón: Cómo me miraba Dios; cómo podía transformar mi vida. Fue como si hubieran reseteado mi vida; Dios tenía un plan de vida, de felicidad; lo que estaba padeciendo no era para mí. Aprendí que tenía que ser fuerte y valiente, como dice su Palabra.

En un momento del retiro, participé en una oración de liberación. El estómago se me revolvió, comencé a vomitar. Luego supe que esa manifestación ocurría cuando las cadenas se rompían. Esos espíritus que ataban mi cuerpo y mi alma salieron de mí. Luego de ese retiro, no volví a tomar medicamentos. Salí declarando sanidad en mi vida. Desde entonces, nunca más volví a tomar fármacos siquiátricos.

Aprendí que muchas veces declaramos enfermedades en nosotros, sin ser conscientes de ello. Nos quejamos de lo que nos ocurre, y sin tener un diagnóstico preciso, declaramos enfermedades que no tenemos, pero que ordenamos tener. Cambié mi lenguaje, declarando sanidad, y la mente fue dejando esas ataduras.

A nuestros hijos debemos recalcarles sus cualidades, declararles cosas poderosas. «Tú vas a lograr grandes cosas» debería ser una afirmación permanente hacia ellos. Hasta el niño más tímido puede salir adelante, siempre que tenga la motivación correcta, especialmente de aquellos que tienen su custodia. El mundo sería diferente si nuestros padres nos impulsaran cambiando nuestra forma de pensar. Lo mismo ocurre cuando impactas negativamente a una persona. «Nunca haces nada bien, no puedes hacerlo...» son declaraciones que logran el mismo efecto, a la inversa.

Hay una hermosa lección de un libro que te recomiendo leer, *El monje que vendió su Ferrari*, de Robin S. Sharma: Tu mente es como un jardín; debes cuidarla para que no se llene de maleza, y alimentarla para que florezca. No puedes impedir que lleguen malos pensamientos a tu mente, pero puedes arrancarlos para que no tengan raíz. Aplica el consejo del apóstol Pablo en su carta a los filipenses: «Concéntrense en todo lo que es verdadero, todo lo honorable, todo lo justo, todo lo puro, todo lo bello y todo lo admirable. Piensen en cosas excelentes y dignas de alabanza» (Fil. 4.8).

*Sí se puede conquistar el sueño americano*

iniciando el negocio en Tupperware

## Cesó la horrible noche

Ingrid, una conocida del trabajo anterior, me llamó para contarme que tenía un lugar para recibirnos. Un inquilino desocupó su departamento. Le agradecí, pero fui sincera: ¡Ni siquiera teníamos con qué pagar un mes! Pues aquí empezaron los milagros. ¡Nos recibió sin pagar un centavo! Nos dio plazo hasta que tuviéramos suficiente para hacerlo.

¡Estábamos felices! Esta era una señal de que las cosas comenzarían a cambiar. Ingrid nos contó que recientemente había empezado a trabajar en una compañía que también comercializaba artículos de cocina. Nos invitó a una reunión para conocer a fondo la forma de trabajo en esta nueva empresa. ¡Quedamos encantados! El valor de los artículos era inferior a los precios elevados a los que estaba acostumbrada en la anterior compañía, y las comisiones eran muy buenas.

Después de escuchar todas las bondades de esa nueva oportunidad, caímos a tierra antes de tomar vuelo. La membresía costaba 139 dólares, y ese valor estaba lejos de cualquier posibilidad. Cuando todo parecía oscuro otra vez, Ingrid nos iluminó el rostro: nos prestó el dinero para que pudiéramos empezar. Como en el libro, *¿Quién se ha llevado mi queso?*, de Spencer Johnson, era tiempo de adaptarse al cambio con rapidez, y la fórmula para hacerlo era cambiando nosotros. Asumimos el nuevo reto con la mejor actitud.

¿Qué más podíamos pedir? Las puertas del cielo se nos estaban abriendo de par en par. Ahora pienso que no éramos del todo conscientes de qué manera estaba obrando Dios para llevarnos a donde estamos ahora. Recuerdo los días en que hablaba con el pastor de la iglesia. Llorando le preguntaba por qué orábamos y no pasaba nada, por qué Dios permitía que sus hijos pasaran por tanto sufrimiento. Él sonrió y con palabras sabias nos dijo: «Si crees que has sufrido demasiado, entonces debes mirar más hacia la cruz. Jesús de Nazareth, el único justo, sufrió como ninguno de nosotros, padeciendo soledad mientras cargaba sobre su cuerpo el pecado de todos nosotros. Y ahora, ¿dónde está? Sentado en la gloria, a la diestra del Padre. No puedes ver la gloria sin atravesar un calvario. Aunque el padecimiento de Cristo fue suficiente, el Padre también forma a sus hijos a través de las pruebas. Cuando Dios los lleve al nivel de vida que tiene para ustedes, deben mirar hacia atrás para que mantengan humildes, y no olviden el lugar de donde Dios los ha sacado». Tenía toda la razón.

Empezamos a trabajar en la nueva compañía en equipo. Además de vender los artículos de cocina, invitábamos a otros a hacer parte del equipo comercial para ganar comisiones. Reunimos suficiente dinero para regresar a Anaheim y rentar un departamento. Por fin teníamos suficiente para sostenernos. ¡Pero lo bueno apenas comenzaba! Nos llegó un cheque que no esperábamos, por valor de 153 dólares. Pensamos que era un error de la compañía. Llamamos para cerciorarnos antes de tocar el dinero. Nos explicaron que esa comisión correspondía a las ventas de las personas que habíamos invitado a unirse. ¡Nos brillaron los ojos! No sabíamos que era posible ganar dinero registrando a otras personas. Para concretar las ventas era necesario comprar primero el producto y entregárselo al cliente, ya que muchos desconfiaban de la empresa o del vendedor. No teníamos dinero para invertir, pero sí que teníamos cómo invitar a otros para ganar comisiones residuales. Los bolsillos estaban vacíos, pero el corazón estaba pleno de esperanza y la boca llena de razones para convencer hasta al más indeciso.

La formación en ventas que recibimos de la anterior empresa fue toda una escuela. Primero, Dios nos llevó a la guerra, nos entrenó lo suficiente para el campo de batalla. Dios sabe cómo hilar el destino para cumplir sus propósitos en nosotros. Nos formó en el dolor, nos pasó por el valle de lágrimas, nos zarandeo como a trigo, pero no permitió que nos faltara la fe. Lo que parecía una desgracia, Dios lo convirtió en algo grande para su gloria y nuestro beneficio. Toda esa formación de carácter nos dejó listos para trabajar como un león que sale hambriento por su presa.

Desde que empecé a ganar suficientes comisiones, siempre tuve un pequeño espacio que renté para usarlo como oficina, un local de tan solo tres metros cuadrados, donde atendía a mis clientes y a los futuros miembros de mi equipo de ventas. Aunque muchas veces no tenía suficiente para pagar mi lugar de habitación, un pequeño garage donde vivía con mi esposo y mi hijo, siempre hacía mi mayor esfuerzo por pagar el local que usaba como oficina, porque sabía que era una inversión que me daría réditos en el futuro. Desde que empecé a trabajar en ventas en los Estados Unidos, nunca he tenido un jefe que me exigiera un horario de trabajo o metas por cumplir, pero siempre he sido muy disciplinada, como la hormiga, «la cual, no teniendo capitán, ni gobernador, ni señor, prepara en el verano su comida y recoge en el tiempo de la siega su mantenimiento» (Proverbios 6.7-8). Tomaba mi desayuno temprano, y salía derecho a mi oficina. Aunque podía estar en casa, prefería estar en el campo de batalla. Esa actitud nunca la he abandonado.

Rápidamente comenzamos a ganar altas comisiones. Pasamos de recibir 150 dólares a ganar hasta 230.000 dólares en un solo mes. Logramos transformarnos de desempleados a empresarios, generando puestos de trabajo para muchas personas. Fui directora del año en 2015. Mi foto ha salido dos veces en el catálogo de la compañía como mejor directora de ventas. Logramos sumar más de un millón de dólares en ingresos anuales. Ya completamos once años maravillosos de abundancia y sueños cumplidos. Pero más que todo el éxito financiero que hemos tenido, la formación del carácter nos ha comprometido a formar a otros. Mi misión ahora es cambiar la vida de alguien cada día. ¿Estás listo para el cambio? Será un honor ser tu mentora en este camino hacia la cima.

Pero ver crecer la cuenta bancaria no siempre trae satisfacción completa, sobre todo cuando el gobierno te notifica los impuestos pendientes por pagar. La última cuenta de cobro llegó por valor de 150 000 dólares. Le dije a mi esposo: «¿Por qué tenemos que pagar semejante valor, si acabamos de pagar 400 000 dólares en menos de un año?» Julio, lleno de paciencia, me dijo: «¡No estás sola en esto!, tienes que platicar tus retos; no eres la única que tiene que enfrentarlos. Esto es una oportunidad para aprender más del negocio, para que nada nos tome por sorpresa».

El Enemigo te manda dardos. Tienes que estar preparado para ellos. Cuando las cosas parecen estar bien, surgen imprevistos que pueden desbaratar lo que has construido por años. ¿Qué hacer para estar listos cuando esto ocurra?

La preparación debe ser permanente; por esta razón, acostumbro a leer a diario. Debes leer algo positivo. Las estanterías están llenas de buenos títulos. Pero lo mejor que debes aprender a leer es el libro de tus propias experiencias. Aunque parezca imposible, todo fracaso tiene un lado positivo. Cuando nos ocurren imprevistos que nos roban recursos, tiempo, y hasta buenos sentimientos, nos sentimos fracasados; tenemos una mala experiencia y tendemos a centrarnos en lo negativo, perdiendo la oportunidad de sacar provecho. Un divorcio nos puede poner la etiqueta de fracasados en el amor, limitándonos para futuros relaciones. Si dejamos la mente con la rienda suelta, nos puede centrar en lo negativo y no en aprender de la experiencia.

El precio de la ignorancia es más alto que el costo de la educación. He sido auditada por mis ingresos por el IRS (recaudadores de impuestos). Te voy a contar todos los retos que tuve que enfrentar ante el gobierno, por asuntos de impuestos, pero este contenido hará parte de uno de mis próximos libros. Dejar la escoba y el trapeador para convertirme en empresaria, no ha sido fácil. No tuve título universitario. Tuve que prepararme para enfrentar mis nuevos retos.

*Sí se puede conquistar el sueño americano*

Mi hijo Josstin, a sus 18 meses.

*Miriam Landin*

## Dejando un legado para mi heredero

Las crisis ha sido un horno para afilar el metal, un crisol para preparar a mi hijo para la vida. Josstin es el único hijo que tengo. Todas las crisis que hemos tenido que afrontar juntos lo han madurado muy rápido. Hace poco salió de la preparatoria y tiene muy claro lo que quiere hacer en la vida. Contrario al pensamiento de la mayoría de jóvenes de su edad, no quiere ir a la universidad. Con todo lo que ha aprendido con nosotros, siente que sentarse en un salón de clases a recibir teoría no es para él; prefiere la acción. Se ha relacionado con el mundo de los negocios. Vio mi proceso, pasando de empleada a millonaria; sabe que el gremio del comercio abre un mundo de posibilidades al que lo abraza. Aprendió a ser muy disciplinado desde su niñez. Se levanta a las 4 a. m. para ir al gimnasio, se mantiene en forma. No solo se interesa por sus asuntos, también ayuda en los quehaceres del hogar.

Julio y yo hemos sido un ejemplo de trabajo duro para conseguir las cosas. Sin embargo, quise que Josstin lo aprendiera en carne propia. Me propuse enseñarle el costo de ganarse cada dólar. Así que, lo tuvimos trabajando con el jardinero de la casa. Suena fácil, ¡pero tengo corazón de madre! Me dolía el alma al verlo bajo el sol de mediodía, haciendo trabajos difíciles. Quemado por el sol, sucio, con sus manos ampolladas y la espalda adolorida. Cuando estaba a punto de quitarle esa labor, su buena actitud me mostró que era una formación necesaria para su carácter.

Al crecer, tomó sus propias decisiones. Se enfocó en los negocios. Vio en la internet una puerta abierta para hacer dinero. El trabajo de jardinería le enseñó a pagar el precio para alcanzar sus metas, pero entendió que había formas más efectivas de ganar más dólares con menos esfuerzo, sin «broncearse» bajo el sol inclemente ni sacarle callos a sus manos. Ahora vende productos a través de internet; formalizó una tienda en línea que le genera ganancias incluso cuando está durmiendo. Aprendió a no conformarse. Buscando mayores dividendos, quiere enfocarse en *real state*.

En uno de nuestros viajes, en el aeropuerto, mientras estábamos haciendo línea para el equipaje, le dije: «Si te gusta viajar, hazlo. Busca un trabajo que puedas hacer desde la computadora». Lo miré a los ojos, y cuando tuve toda su atención, le expresé con firmeza: «¡Que nada te robe los sueños; viaja, conoce, disfruta la vida!

A él le encanta recorrer los pasillos de un aeropuerto con su maleta en mano. Además de mis genes, también me heredó el gusto por viajar. «No vayas a cometer errores, saliendo con la persona equivocada, colocándote una cadena innecesaria», le dije. «Es mejor que encuentres paz interior, y solo cuando logres estabilidad financiera, puedas empezar una relación seria. Antes de empezar una relación, de asumir el compromiso de ser cabeza de un hogar, de cuidar a tus propios hijos, de asumir responsabilidades tan sublimes, disfruta de aquello que te apasiona; de lo contrario, te vas a cortar las alas sin haber volado lo suficiente».

Julio aún no tiene documentos que le permitan salir del país. Logré gestionar los documentos de mi madre, pero los de mi esposo siguen pendientes. Él puede andar en los EE. UU. sin tener problemas con las autoridades migratorias, pero no puede poner un pie fuera de la frontera. Aunque pueda sonar egoísta lo que le dije, te comparto la petición que le hice: «No me robes la bendición». He estado limitada para viajar fuera de los Estado Unidos por la falta de su documentación. Sin embargo, siempre voy acompañada de mi hijo; él es mi guardaespaldas, mi compañero de viaje. Me gusta ver su rostro de felicidad, su alegría, y su expresión que denota el disfrute de cada viaje, de los paisajes, y de tantos lugares exóticos que hemos conocido juntos. Cuando comemos en los mejores restaurantes, viajamos en primera clase, nos hospedamos en hoteles de cinco estrellas y conocemos lugares que pocos pueden pagar, le hago entender que tiene que ganarse cada centavo, que nada de esto es gratis, que hemos pagado un alto precio para llegar hasta aquí, y que él también tendrá que hacer lo propio para lograr sus sueños.

Soy una mujer bendecida. Los días en que mi hijo miraba con hambre la caja de cereal sobre el refrigerador de mi cliente, han quedado en el pasado. Cuando viajamos, no tengo problema en comer en los restaurantes de los aeropuertos. Siempre pago con alguna de mis tarjetas débito, sin mirar los costos. Pero la última vez que lo hicimos, revisé el valor de la cuenta. ¡Quedé sorprendida! Con un solo almuerzo que tomamos, ¡una familia podría hacer mercado para toda una semana!

Te ruego que no me malinterpretes. No estoy haciendo alarde del dinero que tengo y mucho menos me siento superior a cualquier persona con menos recursos económicos que yo. Lo que quiero remarcar es el contraste entre el infierno que viví hace pocos años y la gloria que la gracia divina me hace disfrutar ahora. Tengo suficientes recursos para darme gusto, mientras mi cuenta financiera sigue creciendo. ¡Lo mismo puede ocurrir contigo!

¡Cuánto nos ama Dios! Tan misericordioso es que hace llover y poner su sol sobre justos e injustos. Nos provee todos los días, pero las aflicciones de la vida nos hacen miopes ante tantas bendiciones diarias. Ya tenemos su bendición, pero por anhelar todo el tiempo sin agradecer lo que ya tenemos, no somos conscientes de tantas bendiciones que nos rodean. Dejamos de apreciar la vida. No disfrutamos de los pequeños momentos.

Te he contado muchos privilegios que mi situación económica me permite disfrutar. A pesar de todo esto, siento que apenas estoy comenzando. Estoy convencida de que Dios tiene un mejor lugar para mí, un nivel superior al que me quiere llevar de su mano. Ya me ha dado grandes bendiciones, pero estoy segura que apenas está empezando conmigo. ¿Por qué estoy tan segura? Porque todo el tiempo estoy agradecida. Disfruto los emocionantes viajes y los lujos que tengo, pero también lo hago con las cosas que no se pueden pagar con mi tarjeta bancaria: agradezco el sol de la mañana y el café recién hecho; agradezco el verde de las montañas y la brisa que acaricia mi rostro. Soy una enamorada de las bendiciones que parecen pequeñas pero que son valiosas. Además, todavía podemos ayudar a muchas personas, inyectándoles esperanza y fe para que vivan aquello que Dios les tiene preparado. Mi sueño es llegar a millones de personas, a través de mis charlas y mis libros; por ahora, mi objetivo es que tu vida sea transformada con el texto que tienes en las manos.

*Enfrenta a tus miedos y dudas y nuevos mundos se te abrirán.*

Robert Kiyosaki

*Sí se puede conquistar el sueño americano*

Nuestra primera casa

## La triste realidad que enfrentamos los latinos

Los inmigrantes sufrimos el racismo y la discriminación; es una realidad que sufrimos los latinos. El acento, el lenguaje, el color de piel nos delatan y nos convertimos en objeto de humillaciones. Estamos en su país, trabajamos el triple o más, de lo que hacen los nativos, pero no son conscientes del provecho que traemos sobre su tierra. Nos toca «ponerle más salsa a los tacos», caminar la milla extra. Tenemos retos mucho más difíciles que los oriundos. Cuando tenemos que realizar algún trámite documental, los procesos se hacen más complejos cuando tenemos nombres o apellidos latinos. Los nativos caminan sobre una pista recta; nosotros, corremos sobre una pista llena de obstáculos. Pero aprendí a tener la frente en alto cuando soy objeto de discriminación, al recordar la promesa divina, que todo obra para bien; Dios tiene el control.

Si hay un lugar en que se ve el racismo es en los trabajos, especialmente cuando logras superarte. Cuando tenía que enfrentar una situación así, venía a mi mente la imagen de la tortuga en su caparazón. ¿Acaso esa debe ser la actitud que debemos asumir? ¿Encerrarnos en nosotros mismos mientras el resto se cree con más derechos? Las cosas han cambiado. Ahora sé que tengo que luchar contra el sistema, contra el racismo, contra la discriminación. Si eres de carácter débil, ahí te quedas, pisoteado por los demás, como un animal, conforme con cualquier cosa que le den por caridad. ¡Así no son las cosas! ¡Eso es injusto! Aunque prefieras el silencio para no levantar rencillas, despierta el guerrero, la guerrera que llevas dentro y reclama tus derechos.

Compramos una casa. En el vecindario, solo nosotros éramos latinos. Desde que llegamos empezaron los problemas. Comenzamos a hacer reparaciones locativas, empezando por la fachada; quitamos una cerca para construir una nueva. Mientras los empleados hacían su trabajo, un vecino se acercó, sin saludar y con actitud arrogante, diciendo: «¿Por qué están tirando los escombros en esa casa?», como si la casa no fuera nuestra. Amenazó a los trabajadores, que eran latinos, con llamar a migración para deportarlos, intimidándolos para que dejaran sus labores y se fueran del lugar. ¡¿Pueden creerlo?! A ese hombre no le podía caber en la cabeza que una latina hubiese comprado una linda casa en el sector. Pensé: «Pero, ¿qué le pasa a este señor? Mandamos a reparar la fachada, contribuyendo a que el vecindario se vea hermoso, ¡y viene a tratarnos como delincuentes! Estábamos limpiando nuestra propiedad. La dueña anterior sufría de alzhéimer y era una acumuladora obsesiva compulsiva. Tenía la casa vuelta un chiquero, pero nosotros la estábamos embelleciendo, ¡y viene este hombre a importunar nuestro trabajo!

Me hervía la sangre y sentía algo en el estómago; tenía demasiado enojo. Es ilegal cuestionar a los trabajadores en su estatus migratorio. Ningún ciudadano tiene derecho a preguntar el estatus migratorio de las demás personas. Eso es racismo y discriminación. Le dije: «Trabajo duro para conseguir lo que tengo; si estoy aquí, en su vecindario, que ahora también es el mío, he pagado el precio para lograrlo. Mis dólares valen tanto como los tuyos. Y estos trabajadores no están haciendo nada ilegal; están cumpliendo el oficio de embellecer mi casa, mi cuadra y mi vecindario».

En el vecindario, acordaron tener una aplicación en el celular que les permitía estar informados sobre todo lo que ocurría en el lugar. El hombre tomó una foto y la compartió con los demás vecinos del sector. En poco tiempo, comenzaron a llegar camionetas. Un buen número de ellos quería verificar lo que estaba pasando. Me sentí acosada, señalada como una delincuente. ¿Qué había hecho mal? ¿Acaso es un delito embellecer tu casa, contribuyendo al vecindario? Pero yo sabía qué era lo que estaba mal para el vecino: éramos latinos... eso era suficiente. Le dije con toda firmeza: «Si usted fuera un buen vecino, vendría a mi casa a presentarse decentemente, a dialogar, a mostrar verdadero interés. Nunca ha venido a darnos la bienvenida. Pudo venir a indagar lo que estaba pasando, informarse bien, antes de formar un escándalo en el vecindario». No pudo responderme nada coherente; simplemente logró hacer el ridículo ante el resto.

*Sí se puede conquistar el sueño americano*

De viaje en el crucero Alaska

*Miriam Landin*

## Heridas cicatrizadas

En otra ocasión, gracias a mi desempeño en ventas en la compañía, me gané un viaje con todo pago; un tour por Alaska y Canadá. Era la única latina y la única que hablaba español. Mi nivel de inglés era demasiado básico para entablar una conversación o entender las instrucciones del guía turístico. Recuerdo que había una mesa en la que departían diez personas. Me acerqué y buscando la mejor manera de hacerme entender, les pregunté si podía sentarme con ellos. Una de ellas me respondió: «No, estamos esperando a alguien más». ¡Había lugar suficiente y me hizo semejante desplante! Sentí un nudo en mi garganta, pero no quise llorar delante de ellos. Solo había mesas para grupos grandes, pero no me quedó más que sentarme sola, como un champiñón. Por fortuna, no pasó mucho tiempo cuando vino otra chica; teníamos cosas en común: tenía dificultades para comunicarse en inglés, solo hablaba francés. Ella vio lo que me hicieron, así que me incluyó en su grupo. Aunque no era latina, se preocupó por mí, me hizo el viaje diferente.

Ya perdoné a la mujer que me hizo el desplante en la mesa, aunque es imposible olvidar lo que ocurrió; cuando nuestro cuerpo sufre una herida, las cicatrices pueden quedar en la piel, a pesar de que ya no duela; eso me pasó en el alma con esta situación. Me discriminó, me lastimó, aunque la cicatriz es permanente las heridas ya están sanas.

En el transcurso de ese viaje, llegué vestida de manera informal a una de las reuniones programadas. ¡Quería que la tierra se abriera y me tragara! Se trataba de una cena muy elegante, pero nadie me avisó que tenía que vestir formal, o al menos yo no lo entendí. Me sentí como «mosca en leche», completamente inapropiada para la ocasión.

¿Crees que todo lo anterior me amilanó? Al contrario. Me prometí a mí misma evitar está misma situación en el futuro. Esto me retó a dominar el inglés. No me volverían a pisotear en una próxima ocasión. Cada obstáculo me reta. Comparto con mi familia los retos de cada año. El libro que tienes en tus manos hace parte de uno de estos retos; mientras lees este libro, estoy cumpliendo con uno de mis sueños.

¿Sabes cuándo tienes que confrontar tus miedos? Especialmente cuando quieres salir de la zona de confort, cuando decides ir más allá de lo que has logrado hasta ahora.

¿Crees que los inmigrantes solo sufren a manos de los nativos? ¡La triste realidad es otra! Los mismos compatriotas tratan de oprimirte para que no surjas. En medio de la abundancia, piensan que vas a quitarles el bocado de comida. ¡Qué pensamiento más bajo! En vez de tener envidia de un hispano, es la oportunidad para ayudarlo, para apoyarlo, para animarlo a surgir. Si piensas viajar al extranjero, y conquistar tu sueño americano, prepárate; ¡tendrás muchos retos que superar!

*La suerte espera y llega al hombre que aprovecha la oportunidad.*

George Clason

*Sí se puede conquistar el sueño americano*

Conformando el mejor equipo

## Sí se puede

Napoleón Hill, en su libro *Piense y hágase rico*, enseña que no es suficiente con cambiar de mentalidad, tener una gran imaginación y visualizar tus metas con lujo de detalles. También es necesario conformar un equipo de trabajo que te ayude a llegar lejos. Esto es lo que hemos buscado aplicar en la realidad de nuestro propio negocio. Nuestro equipo de ventas inicialmente se llamaba Mariposas, haciendo alusión al proceso de una oruga, que se tiene que arrastrar para movilizarse, cuya transformación, a través de la metamorfosis, le permite remontar su vuelo y conocer lugares, colores, olores y sabores que antes no podía por su condición. Sin embargo, queríamos un cambio. Mi esposo propuso el nombre «Sí se puede», porque nos proyectábamos a lograr objetivos altos, y esa afirmación sería nuestra motivación constante. Queríamos que los nuevos integrantes hicieran parte del cambio, así que todos participaron en la elección de este nombre como el que mejor nos identificaba. Acordamos finalmente el nombre «Sí se puede *sales*»; es una afirmación poderosa que estamos aplicando a nuestra labor.

*Tupperware* es el nombre oficial de la compañía en la que trabajo. Es una red de mercadeo que nos permite recibir ganancias residuales por aquellas personas que se afilian a nombre nuestro. No son franquicias. Quienes hacemos parte del equipo de ventas, somos llamados líderes empresariales. Mis jefes, que en realidad no eran mis jefes sino que estaba bajo su red de mercadeo, se iban a retirar y querían traspasar su legado, su equipo de ventas. Después de tantos años de trabajo, era justo considerar su retiro. Para sorpresa de todo el equipo de su red, decidieron dejarnos a mi esposo y a mí frente a la red de mercadeo que habían construido. Todos nos conocían porque trabajábamos en el mismo equipo, pero no como líderes del grupo.

Esta situación no fue fácil. El trato con las personas en un equipo de trabajo no es una tarea sencilla. A pesar de que la relación con todas las personas del equipo tiene muchas oportunidades de mejora, hemos hecho nuestro mayor esfuerzo. Dispusimos una oficina con servicio al cliente, un publicista, apoyo multimedia… todo lo que han necesitado para facilitarles su labor. Con todos los recursos adicionales que hemos brindado, todavía quedan retos por superar. A pesar de todos los recursos añadidos, el corazón humano es inconforme; como una bolita de nieve, la discordia puede aumentar si no se toman acciones correctivas. Al liderazgo latino le tocan los toros más difíciles; el reto es apretar más las riendas. Otros directores de red exigen demasiado a sus equipos, pero nosotros nos hemos exigido más a nosotros mismos para obtener una respuesta orgánica de nuestra gente. A pesar de que nuestro método ha dado muy buenos resultados, siempre hay algunos que no están contentos con nuestro trabajo. Hemos trabajado en equipo, pero hay personas que les cuesta pensar en colectivo, viendo por el beneficio de todos, especialmente cuando somos los latinos los que tenemos buenos resultados. Esa es nuestra realidad presente. Sin embargo, muchos otros han notado el cambio y nos agradecen. A pesar de todas las dificultades, el equipo sigue funcionado desde hace once años. Ellos, los antiguos directores, nos dejaron un legado, lleno de bendiciones, pero también de grandes retos. De toda esta experiencia puedo decirte: No veas las dificultades como algo negativo, sino como retos a ser superados. Después de un año liderando el equipo de ventas, en nuestro nuevo puesto en la compañía, logramos convertirnos en el equipo de ventas latino número uno en la nación, y el equipo de ventas número dos en general. ¿Te das cuenta? Los latinos hemos demostrado que tenemos un gran potencial. Esa es la importancia de trabajar en equipo.

Mi acento norteño suena duro, aunque soy paciente, pero admito que no acepto un «no» como respuesta. Cuando alguien se queja, sacando excusas por no haber cumplido sus metas, no puedo seguir escuchando a esa persona. ¿Acaso estoy siendo soberbia y poco comprensiva? ¡Para nada! Lo hago porque sé que se tiene que pagar un precio para tener resultados extraordinarios. En la mayoría de los casos, las personas que se escudan en las dificultades, haciendo el papel de víctimas, necesitan que les muevan el piso para que despierten del letargo. Dios nos diseñó para superar obstáculos. Cuando me enfrento a un reto, he aprendido a afrontarlo; aunque me duela, aunque me toque llorar, aunque tenga que avanzar arrastrándome, no me importa, pero acepto el reto. Siempre que tengo retos, me digo a mí misma: «Algo bueno va a venir; una bendición viene detrás de esta dificultad». Eso no significa que no ame a las personas; todo lo contrario, es por amor a ellas que me gustaría verlas cumplir sus sueños. Tiene que haber un equilibrio entre el trato con cariño y apretar las tuercas.

Mi corazón ha sido lastimado de muchas maneras en todo este proceso hacia la cima. A pesar de todas las dificultades que hemos tenido en la dirección de nuestro equipo de ventas, estoy muy agradecida por los resultados obtenidos. Reconozco que no solo se debe al esfuerzo que Julio y yo hemos puesto para lograr las metas. Gran parte del equipo ha estado pendiente de los demás integrantes y de las estadísticas necesarias para cumplir los objetivos y ganar premios. Me hace feliz que las personas respondan al nivel de compromiso que hemos puesto en nuestro trabajo. A todo mi equipo de ventas, un agradecimiento inmenso por todo lo que han hecho.

Antes solo podía viajar los fines de semana porque mi horario estaba ligado al tiempo que podía compartir con mi hijo. ¿Dónde dejaba a mi hijo? No confiaba en nadie para sus cuidados. Los viernes, al salir de la escuela, salía con mi hijo para motivar a mi equipo de trabajo; quería demostrarles que no hay excusa para salir adelante. Algunos toman como excusa el tiempo que tienen que dedicar a sus hijos. En mi caso, asumí un compromiso de dedicarle tiempo, sin descuidar mi trabajo y mi pasión por viajar.

Así que, atrévete a soñar, desempolva tus anhelos y conviértelos en realidad: Ayuda a tu familia, construye tu casa, ahorra para tus negocios. Pero quiero despertar tu consciencia: El sistema te atrapa. Cuando empiezas a trabajar por tus sueños, el activismo te encierra y vas olvidando por qué comenzaste. ¿En qué momento caí en esto?, te preguntarás. Esto es conocido como la carrera de las ratas. Solo depende de ti salir de allí: renta, comida, trabajo, casa... Toda nuestra ganancia se va en ese círculo vicioso. Al ver que todos están en la misma rutina, piensan que no hay más, que es el destino de todos los mortales. ¡No es así! Dios te dio la capacidad de hacer algo grande y cambiar tu historia.

Hay un libro que me ayudó a cambiar esa mentalidad y convertir mis ingresos en una fortuna: *El hombre más rico de Babilonia*, de George Samuel Clason. Te comparto dos lecciones básicas de esta parábola que cambiarán tu situación económica definitivamente: Primero, págate a ti mismo. Todos tenemos gastos que cubrir para suplir nuestras necesidades, pero de lo que no somos conscientes es que cada vez que sale dinero de nuestro bolsillo, pagamos a otros y nos olvidamos de nosotros mismos. Por eso, lo primero que debes hacer es pagarte a ti mismo. Debes guardar para tu beneficio un mínimo del 10% que se convertirá en tu capital semilla para una gran riqueza. La segunda lección es esta: Multiplica tu oro. Invierte tu dinero de manera inteligente. Si no sabes en qué invertir, no lo hagas en cualquier cosa. Conoce gente, entérate de personas que hayan tenido éxito en su gremio y aprende de ellos; si logras encontrar indicadores de confianza, invierte con ellos, asegurándote de garantías que te permitan el retorno del dinero con dividendos. En mi caso, invertí mi dinero en bienes raíces; algo que me ha permitido tener propiedades en varios estados de los Estados Unidos y en México. No importa con cuánto empiece tu capital, pero reinvierte y multiplica tu oro.

*Sí se puede conquistar el sueño americano*

Preparando el cafecito con mi amado Julio

## Cafecitos para el alma

Más que bendecida y afortunada, tengo que decir que tengo maravillosas personas en mi vida. Soy bendecida porque he conocido muchas personas maravillosas. A través de mi trabajo como directora de ventas en una organización en red, resolvimos apoyar a equipos de venta que hacen parte de mi entramado, a través de encuentros que hemos llamado «cafecitos». Le dimos ese nombre para quitarle todo sabor a formalismo; preferimos que sean reuniones en que sus participantes se sientan como en casa, o como en la sala de una amiga, tomándose un delicioso cafecito. A través de esta estrategia he podido conocer a muchas más personas, animándolas a sacar adelante sus vidas. Más que millonaria en dólares, soy millonaria en amigos. Me encanta aportar, ayudar en algo a la comunidad. Por medio de los cafecitos he podido conocer lugares que nunca imagine. Llegué a ciudades que no sabía que estaban en el mapa. He conocido a muchas personas detrás del sueño americano; darles palabras de aliento es mi motivación.

Los equipos de venta me han pedido ese apoyo. Detrás de esa inversión de salir de mi zona de confort, me siento satisfecha aunque logre tan solo tocar un corazón; con una persona que sea impactada es suficiente. Antes de conocer a las personas que participan en los cafecitos de manera personal, conecto con ellas a través de redes sociales. Las personas a veces nos ven lejanos, distantes, inalcanzables. Una de ellas estaba emocionada con mi visita; tanto, que nos invitó a comer; su esposo estaba incrédulo de que fuéramos a cumplir con la invitación; le decía a su esposa: «Esa gente es muy ocupada y están acostumbrados a otro estrato social», pero fuimos a visitarlos a su pequeño departamento. Ella se mostró emocionada, pero nosotros mucho más, por la manera cómo nos recibió, con tanto anhelo.

Me he dedicado a hacer cafecitos de oportunidad, como me gusta llamarlos, viajando y visitando diferentes equipos para que desarrollen sus habilidades y talentos. La mayoría de esos equipos hacen parte de mi red de ventas. Siempre estoy dispuesta a brindarle ayuda a quien me la pida. Puedo decir que mi vida es una vacación permanente. No quiero estar encerrada en cuatro paredes, necesito viajar, conocer nuevos lugares y nuevas personas. Cuando veo un lugar que quiero conocer, busco cómo trabajar en ese lugar, cómo coordinar un nuevo cafecito. Aunque me siento limitada, porque solo estoy viajando en los Estados Unidos. Por esto, mi oración a Dios es que ensanche mi territorio y me lleve más allá de la frontera. Por ahora, mi negocio está limitado a los Estados Unidos, pero sé que Dios tiene algo más grande para mí.

Lo que me ha facilitado viajar es el apoyo de mi esposo. Es mi compañero de viaje. Juntos recorremos cada camino, esas veredas, esos aeropuertos. A lo largo de nuestros años de trabajo, hemos visto el progreso, el cambio; nos satisface ver cómo han sido transformadas las vidas de muchas personas. Eso nos motiva a seguir amando lo que hacemos. Así que, si algún día quieres tener un cafecito en tu equipo de trabajo, no dudes en contactarnos. Si está en nuestras posibilidades, ahí estaremos.

Los cafecitos se han convertido en una plataforma para entrenar a futuros líderes, también para empoderar a los que ya están. Para los encuentros, cada persona que es líder debe preparar una clase de quince minutos. A veces les dejo un tema abierto: sus pasos de éxito, cómo mostrar un producto, técnicas para cerrar una venta...

Empiezo con una presentación, les contamos un poco de nuestra compañía, motivamos a los nuevos, y a los antiguos. Les damos un reconocimiento a los que ya pertenecen al equipo. Compartimos un detalle a los que hacen parte del equipo. Les decimos que, aunque tengamos una distancia geográfica, estamos cercanos de corazón. Lo bonito de estos cafecitos es que nos acercan de verdad al equipo de colaboradores. Cuando les contamos nuestra historia, ven que no hay diferencias, que venimos de abajo, que ellos también pueden conquistar nuestros resultados, si hacen bien su trabajo y lo hacen con disciplina. La convivencia nos permite compartir que «sí se puede»; con la ayuda de Dios, no hay algo que no podamos lograr.

*Sí se puede conquistar el sueño americano*

Araceli y Julio, rumbo al cafecito

*Miriam Landin*

## Ejemplo de superación

Araceli es una de las directoras de ventas de nuestra red. Tiene limitaciones de movilidad física, pero es ilimitada en sus logros. Nunca se pierde los cafecitos. No importa en qué lugar de Nueva York realicemos nuestros eventos, ella siempre viaja a donde realicemos los cafecitos. Ella nunca dice «no puedo, tengo limitaciones, no sé cómo transportarme, no tengo quién me ayude». Ya logró ganarse un automóvil cero kilómetros. Ha logrado promover managers y directoras en su organización. Hasta el día de hoy, ella no para de trabajar. Está activa. Conociendo nuestra estrategia, ella hace sus propios cafecitos con su equipo. Capacita a su gente. Mi esposo la ayuda a subir las escaleras en lugares donde no hay elevador, para que ella esté presente en nuestros encuentros. La lleva cargada, sin importar cuántos pisos haya que cargarla; ver su esfuerzo nos motiva a apoyarla de todas las formas posibles.

Amo Nueva York; ¡la gente es tan trabajadora allí!. La ciudad me ha dejado una gran enseñanza. La mayoría de nuestro equipo en esta ciudad no tienen automóviles. El transporte y el parqueo es muy complejo. La mayoría vive en edificios sin estacionamiento. La mayoría tiene que viajar en transporte público. Cuando visitamos Nueva York, nos ha tocado ir con las consultoras en el tren.

Recuerdo que una vez viajé a la ciudad con mi hijo cuando apenas era un infante. Alma, la directora de ventas, viajó conmigo en el tren; también tenía sus niños pequeños. Cargaba sus bolsas, sus productos, y su coche de bebé. Esa es la razón de mi amor por Nueva York; los que trabajan allí tienen hambre de salir adelante. A veces no sabes cómo hacerlo, cómo lograr esa tenacidad que tienen en aquella ciudad. Vas a un evento y te motivas, pero luego no sabes cómo volver a ponerle gasolina a tus emociones. Pero en Nueva York, creo que puedo hacer equipo con las que están allí. Cuando se enteran que no hay gordos en los equipos de venta que hay allí, cualquiera creería que hacen mucho ejercicio, pero no es así. Para dejar un producto, aunque apenas ganen 5 dólares en el ejercicio, caminan largos recorridos. ¿Por qué gastan tanto tiempo por esa ganancia? Ellas dicen: «Voy con la esperanza de que las personas me compren más productos, además del artículo que pidieron, y que tenga la oportunidad de ingresar a la empresa y ser parte de mi equipo». Las veo en redes sociales, me fijo cómo se mueven, y me motivan.

Hace un tiempo, fui a Nueva York con un grupo de personas. Éramos 14 en total. ¡Nunca les dije que les serviría de guía turística! Tampoco les expliqué lo que implica visitar Nueva York. ¡Les salieron ampollas en los pies! Una de ellas subió arrastrándose por las escaleras. El primer día las llevé a la reunión en un Uber. Pero al siguiente, les compré su pase para ir en el tren. Ese fue un entrenamiento intensivo. Les digo esto, si pasan el entrenamiento de Nueva York, pueden trabajar en cualquier lugar del mundo. En Nueva York, pagas el precio de vivir allí. Si vas a trabajar en Nueva York, no olvides llevar unos buenos zapatos.

Cuando tengo los «cafecitos de oportunidad» acostumbro contarles mi historia, un poco de la que has conocido en este escrito. No quiero sonar presumida. Quiero demostrar lo que Dios puede hacer en tu vida cuando lo pones en primer lugar. Cuando ves a tu hijo con hambre, dejas lo que haces para suplir sus necesidades. El problema de la mayoría es que no se conectan con Dios; lo buscan como un Dios bombero, que solo se requiere cuando hay una urgencia, y esa es la peor actitud ante un Dios que demanda el trono del corazón. Cuando tengo problemas en mi vida, me harto de mis dificultades y cancelo esos problemas: cancelo todo lo malo y declaro sanidad; «este problema ya no es mío... te lo dejo», le digo a Dios. Estoy segura que me escucha, por su mucha misericordia.

Cuando tuve inconvenientes con los impuestos, dije: «Señor, lo dejo en tus manos», y aunque parecía un problema difícil de solucionar, logramos superar el asunto. Dios tiene un propósito con todo aquello que parece malo; déjalo en sus manos y él se hará a cargo. En su Palabra hay más de cinco mil promesas. Agarro sus promesas y le pido que me edifique, me respalde, me levante. Somos carne, somos débiles, cometemos errores, pecamos contra él. Sin su ayuda la carne te doblega, te humilla, te hace llorar; todos tenemos una herida en el corazón que solo él puede curar. Ahora veo con más claridad que Dios acomoda todo para bendecirme. He aprendido que cuando una dificultad aparece, viene algo mejor; cada oportunidad viene disfrazada de problema. Cuando ocurre algo malo, esto obra para bien. Ahora lo sé. Antes no lo entendía.

*Sí se puede conquistar el sueño americano*

Disfruta cada día con las personas que amas

## La lección de la pandemia

La pandemia me hizo ver la vida de forma diferente. Era una crisis necesaria para cambiar de mentalidad. A quienes asumimos todo esto con la actitud correcta, nos preparó para ser más agradecidos, a valorar a las personas, apreciar a nuestras familias, a estimar el tiempo; nos ha dejado muchas enseñanzas. El que no aprendió nada de esta crisis, es difícil que algo más impacte su vida.

Me contagié de COVID-19; también mi esposo y mi hermana. Aprendí a hacer planes, siendo consciente de que el futuro es incierto. Esto me ha llevado a vivir un día a la vez. En el camino hacia mi trabajo acostumbro a hacer una oración espontánea, agradeciendo por el camino, por lo que nos rodea. Si tuviera que morir hoy, moriría contenta porque disfruto todo lo que Dios nos ha dado. Me sorprenden los paisajes; no tengo que estar en vacaciones para disfrutar lo que me rodea; disfruto el paisaje de camino al trabajo o a casa. Cuando le digo a mi esposo que me gusta el panorama, él me dice: «¡Toma una foto!». Le respondo: «¿De qué sirve? Esto es un regalo para mis ojos, es una dádiva para mí en este instante. Nadie lo disfrutaría en una foto o un video como lo hago en este momento, viéndolo con mis propios ojos; aunque lo viera luego en mis fotos y videos, jamás sería igual». Hay que disfrutar el ahora; cada momento es único y jamás volverá a repetirse.

*Sí se puede conquistar el sueño americano*

Mi sueño hecho realidad

## Libro de sueños

A principio de cada año, hacemos ayuno y oración en nuestra iglesia. Llevamos un libro de sueños para orar por ellos. Compramos la libreta más linda que encontramos en la librería. Siempre lo hacemos en familia, pero también invitamos a personas de mi equipo de trabajo. Llevamos revistas, marcadores y pegamento. Visualizamos lo que queremos. Es emocionante ver los libros de años anteriores y observar los sueños que se han venido cumpliendo. Me llena de orgullo saber que el libro que tienes en tus manos estaba en esa libreta de sueños. Pude comprobar, en carne propia, que con la ayuda de Dios no hay nada imposible. Él tiene más que darnos que nosotros por pedirle. Tiene bendiciones que podemos disfrutar aquí, en la tierra.

Atrévete a soñar. Leyendo *El Alquimista*, de Paulo Coehlo, aprendí que todos somos alquimistas, con el poder de transformar nuestras propias vidas y encontrar nuestro propio destino. No se trata solo de tu destino, sino del camino que tienes que recorrer para encontrarlo. Te podrás preguntar: ¿Será posible que esto sea para mí? Esa pregunta rondaba mi corazón, pero resolví tomar una actitud diferente. Dentro de mí siento que viene algo grande. Quiero llevar mi mensaje al mundo. La ciudadanía americana me ha dado las credenciales necesarias para viajar por el mundo. Te confieso que todavía no encuentro el propósito específico para mí, pero tengo claro que no puedo callar todo lo que he aprendido y que ha transformado mi vida. Me visualizo en una plataforma, llevando un mensaje, convenciendo la mente, tocando corazones, moviendo voluntades.

Estoy muy agradecida por la manera cómo mi vida ha cambiado. Sin embargo, lo que estoy viviendo no se puede comparar con todo lo que Dios tiene preparado para mí. Creo que Dios apenas está empezando conmigo. Sé que todo lo bueno tiene un costo, y estoy dispuesta a pagar el precio. No estoy segura de lo que Dios tenga para mi vida; lo único de lo que estoy convencida es que será algo grande, más allá de lo que pueda pedir o imaginar.

*Si eres tú quien provoca el cambio, ya no te asustará.*

Spencer Johnson

Manuel y Leticia García, mis amados pastores

## Eres la iglesia donde quiera que vayas.

Recuerdo que alguna vez en la iglesia mi pastora oraba por sanidad y liberación. Cuando llegó a mí, oró de esta manera: «Espíritu de vagancia, ¡FUERA!». Le dije: «Pastora, ¡déjeme ese espíritu!» Me encanta viajar y, además, sueño llevando mi mensaje por todos los rincones de la tierra; así que, «vagar» por el mundo es lo mío.

Mi pastora no quería que saliera de la iglesia. Prefería que evitara los viajes y que sirviera al interior de esas cuatro paredes. Sé que su intención era buena: quería tenerme cerca para velar por mi vida y formarme en el servicio en la comunidad cristiana. Estoy conociendo mejor a Dios y sus planes. La iglesia no son las cuatro paredes que te rodean cuando te congregas un domingo; eres la iglesia donde quiera que vayas. Es afuera donde necesitan el amor de Cristo. Jesús de Nazareth era conocido como el maestro itinerante. Cierto día que un hombre quiso seguirlo, su respuesta fue: «El Hijo del Hombre no tiene dónde recostar su cabeza» (Mateo 8.20), refiriéndose a su activo ministerio, cuyo movimiento recorrió todas las ciudades y aldeas de Israel. Jamás estableció una sede de aprendizaje porque él era la escuela. Andar con Jesús era aprender las 24 horas del día.

Ese modelo de vida me encanta. Mi personalidad prefiere la calle. Me encanta ver los paisajes, disfrutar de cada trayecto, pero no puedo ser indiferente a la necesidad. Cada aventura que emprendo siempre está ligada a una vida que quiero tocar. En esto le echo la culpa a Dios, diciendo: «Si Dios me lleva es por alguna razón». No estoy para estar encerrada, eso lo tengo claro.

Además de disfrutar el recorrido, en mis viajes he encontrado muchas personas que necesitaban oración. En cierta ocasión quería comer unos camarones. Como conocía la ruta, sabía que podía calmar el antojo en el camino. Nos detuvimos en el local de comidas, aunque mi familia quería seguir de largo. Cuando estábamos por entrar, encontramos una familia en problemas. Uno de sus miembros, el hijo, acababa de sufrir un accidente. Por fortuna no hubo heridos, pero estaban angustiados por el suceso, especialmente la madre. Era un automóvil de alta gama. Me dolió el daño que sufrieron. Cuando salimos del baño, me acerqué a la señora que no cambiaba su cara de angustia. Le dije: «No sé cómo ayudarla, pero mis dos hombres, esposo e hijo, están disponibles». Se mostró agradecida. Continué diciéndole: «Déjeme orar por usted». La abracé, mientras daba gracias a Dios porque, a pesar de los daños materiales, ellos estaban bien. Cuando terminé, me contó que el coche había derrapado por la lluvia. Le dije: «apoye a su hijo; debe estar frustrado por el accidente». Ella asintió y cambio totalmente de actitud. Cuando expresé «gloria a Dios» por lo que estaba ocurriendo, uno de los ocupantes que iba en el carro de la señora, dijo: «¿Cuál Dios? ¡Su Dios!» Le respondí: «¡Nuestro Dios». Me preguntó: «¿Acaso sabe cuál es mi Dios?», y comenzó a hablarme mal de los pastores. Mientras lo escuchaba, entendí por qué razón hay tantas personas que no se acercan a Dios: ponen su mirada en los hombres, especialmente en aquellos que se supone representan a Dios, pero olvidan que todos somos imperfectos. Catalogan a los cristianos como personas que deberían ser perfectas. ¡Grave error! El único hombre perfecto es

Jesús, el Dios encarnado; el resto de mortales fallamos todo el tiempo. Tenemos luchas permanentes; por mis errores, yo misma he dejado avergonzado a Dios. Aprendí que separada de él nada puedo hacer. Aunque todavía tropiezo y caigo, me levanto con la vista puesta en él, no en mí.

Dios permitió que nos detuviéramos a comer en ese sitio por algo más importante que calmar mis antojos: para ministrar en aquella mujer, para darle una palabra de ánimo, para orar y reencontrarla con Dios.

A cada lugar donde voy tengo que orar por alguien. Se ha convertido en una necesidad permanente, en un deber que no puedo abandonar. Cierto día desobedecí la voz interior que me llamaba a orar por una persona; saqué mil excusas, fui indiferente y no hice caso; luego, me sentí muy mal por no cumplir esa misión. Ese peso de consciencia de aquella vez me ha hecho asumir un compromiso serio de obedecer esa voz interior. Cuando siento en mi corazón que debo orar o hablar con alguien para motivarlo a buscar a Dios, lo hago de inmediato, antes de que las excusas minen mi mente.

Todos los días me abrazo a Dios a través de la oración. Aunque tengo muchos motivos de agradecimiento y peticiones, hay un ruego continuo que hago al Señor: «Qué quieres de mí». Al estilo del apóstol Pablo, cuando se convirtió en la entrada de Damasco mientras perseguía a los cristianos. Él clamó: «Señor, ¿qué quieres que yo haga? Entre muchas peticiones que podemos hacer a Dios, esta puede ser la más inteligente. Dios tiene un propósito con cada uno de nosotros. Nos dio talentos y habilidades particulares, con rasgos de la personalidad y circunstancias únicas para cumplir un plan específico.

Cada cosa que nos ocurre hace parte de un plan divino. Por eso, hay que agradecer incluso por esos momentos difíciles, por esa lucha constante, por ese camino cuesta arriba. A veces crees llegar a tu meta, pero apenas es una parada; llegas al punto B, pero te espera el C. Es un proceso constante, esa es la vida. Mientras el corazón siga latiendo estamos en una escuela de la que nunca nos graduamos. De todo esto me ha surgido un propósito al que me abrazo con todas mis fuerzas: Si Dios quiere llevarme, que me encuentre disfrutando del proceso.

*Cualquier tonto puede criticar, censurar y quejarse, y casi todos los tontos lo hacen. Pero se necesita carácter y dominio de sí mismo para ser comprensivo y capaz de perdonar.*

Dale Carnegie

Compartiendo con mi amiga María Pérez

## Ayudando a otros a salir de sus crisis

Conocí a una mujer años atrás que ahora es parte de mi familia. En uno de mis recorridos, ofreciendo nuestros productos, la vi sentada en un sillón en una crisis de abstinencia, tratando de salir de la adicción a las drogas. Era evidente su estado crítico: con ojeras profundas, delgada, y con un serio problema de atención. Me acerqué y le pedí que me permitiera orar por ella. Cuando terminé, me contó que había involucrado a su marido en el mundo de las drogas hasta tocar fondo. Tenían una relación caótica, y lo peor es que el gobierno les había quitado la potestad de su hijo. No estaban en condiciones de formar a su pequeño en un hogar dominado por la adicción a los narcóticos y por las peleas familiares. Comenzó a llorar. Continuó diciéndome que ella asistía a una iglesia. Si era cierto que ella había pasado por una iglesia, ¡la iglesia no había pasado por ella!

Su caso me conmovió. Le di fecha y hora para recogerla y llevarla a nuestra iglesia. Aceptó a regañadientes; incluso, su marido se mostró renuente, hasta enojado por verla participando de las reuniones cristianas. Cada domingo la recogíamos en el automóvil para llevarla a la iglesia y volvíamos a retornarla a su casa. Sabía el poder que tenía la Palabra de Dios para restaurar un corazón y por eso insistí hasta lograr que estuviera expuesta a ella.

El proceso no fue fácil, pero donde Dios mete su mano sucede lo imposible. Ella lloraba, pidiendo que ella y su esposo fueran transformados. No solo lograron dejar las drogas; ahora, María y Gerardo sirven en la iglesia del pastor Ericson Alexander Molano. Recuperaron la custodia de su hijo y mejoraron dramáticamente su relación de pareja. Ya completaron once años limpios de las drogas. Ahora somos grandes amigos; es más, somos mucho más que eso, somos una familia.

A través de mi trabajo llegamos a ella, pero impactamos su corazón a través de la iglesia. Imagínate que no hubiera orado por ella, que hubiera desobedecido la voz de Dios, que hubiera sido indiferente a la necesidad. Por eso, cuando escucho esa voz interior, guiándome a orar por alguna persona, obedezco de inmediato; no quiero llevar cargos de consciencia en mi corazón.

Prosperar a solas y olvidarse de la familia y los seres queridos sería un comportamiento demasiado bajo. Dios nos ha bendecido en todos los aspectos. Me propuse participar de esto a mi familia. Pensando en esto, motivé a mis hermanos a vincularse en la compañía. Ahora, somos cuatro hermanos trabajando en la misma empresa. Mis hermanas, Lili y Vanessa, ya compraron su propia casa y se ganaron el automóvil del año gracias a su buen rendimiento en ventas. Una de ellas ya compró una segunda propiedad. Son directoras de ventas exitosas. Por nuestra parte, Julio y yo somos los latinos con mejores resultados en la compañía. Somos el equipo número uno en la nación. Siempre nos eligen para capacitar a otros.

El compromiso conmigo misma es cambiar una vida todos los días; tocar el corazón de un ser humano cada día es mi objetivo. El salón donde dé mis conferencias puede estar lleno, pero si solo una persona sale de allí cambiada, desafiada, renovada, he cumplido mi misión. Una sola persona es la llave que puede transformar a toda una generación.

*Sólo una cosa convierte en imposible un sueño: el miedo a fracasar.*

Paulo Coehlo

*Sí se puede conquistar el sueño americano*

Esperando los tiempos de Dios, con Julio, mi mejor compañía

## Ayuda a otros, pero espera la recompensa de arriba

Es doloroso cuando las personas en las que más confías muestran su verdadero rostro. Le dimos la oportunidad de trabajar como empleada doméstica en nuestra casa. La tratamos como una integrante más de la familia. Con el propósito de ayudarla financieramente, le rentamos una de nuestras casas, a un precio bastante asequible para ella. Me di cuenta de todo cuando perdí mi reloj. No estaba donde lo había dejado. Comencé a revisar al detalle mis pertenencias y me enteré que había extraído joyas, relojes y otros artículos de valor. Pensó muy bien su técnica para robar sin ser descubierta. Fue hurtando poco a poco. Tuvo que haberlo hecho durante mucho tiempo, porque la suma ascendió a más de diez mil dólares.

¡Estaba sorprendida! La quería mucho; le di toda mi confianza. Mi esposo iba a llamar a la policía; pensaba llevar el caso ante los estrados judiciales. Le dije: «deja que la justicia divina se encargue». Mi corazón no me permitió que mi esposo procediera. Había robado dinero a mi esposo, a su hermana. Ella sabía cómo robar; despojaba de a poco, para no levantar sospecha. No me dolió la pérdida de las cosas; Dios me puede devolver todo lo que me quiten, no dudo de su poder, pero me dolió la desilusión, la descepción que ella me causó. Asumí que ella ya no era parte de mis bendiciones y por eso Dios la retiró de nuestro hogar.

Yo confío en la gente; dejo mi bolso en cualquier lugar, sin precaución. Comparto lo que tengo, y no pienso cambiar por desconfiar de la gente. Todo se lo dejo a Dios; si la persona me falla, Dios se encargará de todo. Cuando siento algo en mi corazón, lo hago, sin que la desconfianza me limite.

Cuando empezó la pandemia, pensaba en ella: «¿Qué estará haciendo esa mujer en este tiempo? Estaría con nosotros, sin necesidades». Cuando fuimos a su casa, ella huyó; no había nada en esa vivienda. Me sentí mal por ella. Duré varios días triste, como si alguien se me hubiera muerto. Trataba de excusarla: «Quizá tenía alguna necesidad, ¿por qué no me dijo que tenía escasez, yo la hubiera ayudado? De ahí para acá me costó dejar que alguien trabajara con nosotros.

Mi esposo empezó a colocar cámaras en toda la casa. Le expresé: «¿Por qué tenemos que poner cámaras en nuestra casa? No me hace feliz esto». Mi esposo respondió: «Aquí viene mucha gente, tenemos que cuidarnos».

Sé que los hijos de Dios pasan dificultades, pero Dios los saca adelante, pero esa mujer siempre estaba mal. Entendí que, por sus acciones, recogía como resultado esa situación tan crítica en que vivía. Tenía una pésima relación con sus familiares; sus hijos tampoco le hablaban. Me lastimó, pero le entregué esa situación a Dios. No le guardo rencor; si la encuentro, hasta la saludo; la amé y todavía le tengo cariño, a pesar de lo que me hizo.

La gratitud trae abundancia. Cuando aprecias lo poco, Dios te pone en lo mucho. Tu ropa, tu cuarto... el oxígeno. Dios te va a llevar al siguiente nivel. Dios, no se equivocas. Sé siempre agradecida. Él te da regalos que no se pagan con el dinero.

*Yo he venido para que tengan vida, y la tengan en abundancia.*

Jesucristo

*Sí se puede conquistar el sueño americano*

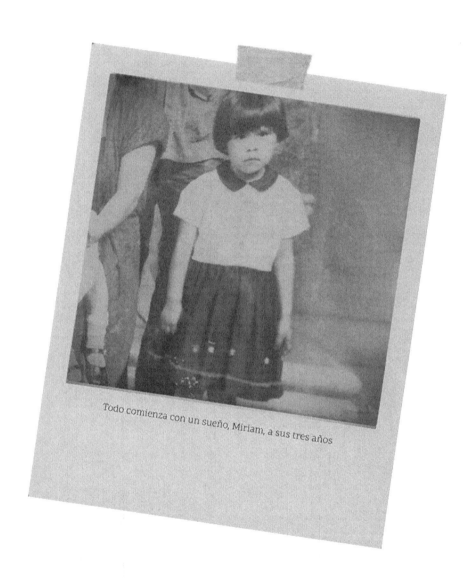

Todo comienza con un sueño, Miriam, a sus tres años

**Historias que inspiran.**

Hay historias que te marcan para siempre y te sirven de incentivo para seguir adelante. Uno de esos relatos es la vida de José, el hijo de Jacob, patriarca del pueblo de Israel. Déjame recordarte la narración y compartir contigo algunas de sus lecciones.

José era el penúltimo hijo entre doce hermanos. Su padre lo amaba, no solo por haberle nacido en su vejez, sino también porque era obediente y disciplinado. El negocio familiar, heredado del bisabuelo Abraham, era la ganadería menor, la cría de ovejas. José, a pesar de su edad, supervisaba la tarea de sus hermanos mayores. Cuando su padre quería saber cómo andaba el negocio, solo tenía que pedirle a su pequeño que trajera un informe. Vestía una túnica de colores, propia en la cultura de un hijo con privilegios.

Cierto día, José tuvo un sueño que levantó ampolla entre sus hermanos. Soñó que estaba en el campo junto a sus hermanos. Cada uno tenía un manojo de espigas; las de sus hermanos se inclinaron hacia el manojo de José. Cuando les narró los hechos, la envidia y el odio de sus hermanos hacia él creció. Pero la cosa no quedó así: José volvió a soñar, esta vez, que el sol, la luna y once estrellas se inclinaban hacia él. Ahora, su propio padre se sintió ofendido. ¿Acaso José estaba sugiriendo que su padre, la autoridad de la casa, tendría que humillarse ante él? La actitud de la familia hacia

José fue hostil, aunque él solo estaba contando sus sueños nocturnos, aquellos que llegaban a su mente sin pedirlo. A pesar de esto, José siguió siendo el mismo, haciendo sus tareas con entrega, siendo el hijo sometido y obediente que siempre fue. Lo sabemos porque su padre le encomendaría una nueva tarea de liderazgo, que sería su última delegación en la casa de su paterna.

Jacob le pidió a su hijo favorito que supervisara la labor pastoral de sus hermanos. Cuando éstos vieron a José de lejos, expresaron: «He aquí, viene el soñador». Esta frase impactó mi corazón. Aunque trabajes con disciplina y tengas metas claras, muchos te menospreciarán diciendo que eres un simple soñador, un iluso. ¿Sabes cuál es la diferencia entre un soñador y un iluso? El iluso es alguien que vive de ilusiones. Recrea su mente con un mundo de fantasía que nunca podrá alcanzar, porque no mueve un dedo para cambiar su situación. Por otro lado, un soñador puede describir con lujo de detalles la meta que persigue y, además, todos los días hace algo para estar más cerca de sus anhelos. Los sueños son como las estrellas para el navegante: no puedes alcanzarlas, pero te sirven de guía para llegar a tu destino. José tuvo un sueño y era consecuente con aquello que tenía en su mente.

No puedo afirmar que siempre sea así, pero muchas veces, las personas que más deberían impulsarte, son las que te dan la puñalada en la espalda. Cuando los hermanos tuvieron cerca a José, lo echaron en una cisterna vacía, y aunque el plan inicial era matarlo, terminaron por venderlo a una caravana comercial de árabes que viajaba rumbo a Egipto. ¿Qué cosa tan mala había hecho José para merecer esto? ¡Nada! Simplemente se atrevió a contar su sueño y a ser coherente con sus metas. Cuando compartes tus grandes sueños con mentes pequeñas, van a querer apagarte. Si ellos no pueden brillar, tampoco van a permitir que tú lo hagas.

José fue a parar a la casa de Potifar, un funcionario de la corte del Faraón que lo compró en el mercado de esclavos. José nos enseña que no importa lo que te ocurre, sino lo que haces con aquello que te ocurre. No dejó que las circunstancias moldearan su carácter, sino que su carácter moldeó las circunstancias. Se convirtió en el hombre de confianza en la casa de su señor. La administración de todos los negocios de este reconocido servidor público, quedaron a manos del hebreo recién comprado.

Hay un principio del reino de los cielos que Jesús nos dio a conocer de su propia boca. «Si son fieles en las cosas pequeñas, serán fieles en las grandes. Pero, si son deshonestos en las cosas pequeñas, no actuarán con honradez en las responsabilidades más grandes». (Lucas 16:10). Hay personas que se atreven a decir que no harán el esfuerzo extra en un negocio que no es propio, que cambiarán sus hábitos cuando se casen, que actuarían de forma diferente si estuvieran en una situación distinta. José demostró que no se trata del lugar, de lo que te rodea o del trato que recibas. Tu integridad debe ser permanente incluso cuando nadie te ve. Siendo un esclavo fue el mejor en lo que hizo, y se convirtió en el capataz de los bienes de su amo. Piénsalo bien: ¿Cuál es tu excusa? Recuerda que no se trata de lo que te rodea, sino de lo que llevas por dentro. El cambio se dará de adentro hacia afuera; hasta que no asumas compromisos internos, nadie te tomará en serio.

Todas las personas pasan por pruebas y José no fue la excepción. Cuando todo marchaban mejor, apareció una mujer con deseos ilegítimos. La esposa de Potifar estaba encantada con José, tanto, que le pidió sostener un amorío con ella a escondidas de su esposo. José se sostuvo en su integridad, señalando que no solo fallaría con esto a su amo, sino que sería una ofensa para su Dios. Permíteme hacerte esta pregunta: ¿Qué te motiva a mantener honesto, incluso cuando no tienes ojos encima? Hay verdaderas tentaciones en la vida, sobre todo cuando están ligadas al logro de tus objetivos. Por ejemplo, supongamos que en una compañía en la que trabajas puedes ganar una suma grande, de miles de dólares, si cumples con determinada meta de ventas. Un día en la mañana entras a la oficina cuando nadie ha llegado todavía. Enciendes una computadora y, por alguna razón desconocida, está abierta una página de intranet con las credenciales del director de ventas, en la que puedes modificar tus indicadores; es una compañía con muchos funcionarios en la que es difícil notar cambios de un día para otro. Es tu oportunidad de oro para ganar una gran suma de comisiones haciendo un clic. ¿Qué harías si nadie se diera cuenta? Si te comportas igual en cualquier escenario, te estén viendo o no, ¡eso es integridad!

El profeta Jeremías escribió que el corazón humano es engañoso y perverso (Jeremias 17.9), y el profeta hace una pregunta retórica: «¿Quién lo conocerá? Pero yo, el SEÑOR, investigo todos los corazones y examino las intenciones secretas. A todos les doy la debida recompensa, según lo merecen sus acciones» (Jeremías 17.10). Esto señala que nuestro comportamiento tiene una fuente: el corazón. Si nuestro corazón es engañoso y perverso, ¿qué puede salir de él? No quiere decir esto que seamos del todo depravados en nuestro comportamiento; de lo contrario, el mundo sería más caótico de lo que es. La gracia común de Dios nos permite gozar de normas básicas de ética que casi todo el mundo respeta. Sin embargo, hay una lucha constante del corazón por tomar el mando, haciendo lo que sea necesario para satisfacer sus deseos sin ser descubierto.

¿Cómo ser íntegro en un mundo lleno de tentaciones? Nuevamente, el Manual de la Vida nos responde: «Les daré un corazón nuevo y pondré un espíritu nuevo dentro de ustedes. Les quitaré ese terco corazón de piedra y les daré un corazón tierno y receptivo» (Eze. 36:26). El secreto de la integridad de José estaba en sus rodillas. Se humillaba ante su Dios reconociendo su propia debilidad. No necesitaba los ojos exhaustivos de Potifar para hacer bien las cosas; con la mirada de su Dios era suficiente. Hasta que no seas consciente de Alguien superior a ti, al que debes darle cuenta, tu comportamiento no va estar ajustado a ese requerimiento. Vas a vagar por el mundo, satisfaciendo los propios deseos que te conducirán finalmente al desastre.

¿Cuál fue el resultado de la integridad de José? Quisiéramos decir que fue un ascenso en su trabajo, la libertad de la esclavitud o un reconocimiento público de su honestidad... pero no fue así. La mujer de Potifar lo acusó de violador y logró que su marido lo metiera en la cárcel. Pasó de esclavo a presidiario. ¿Te parece justo? Ese es el precio de la integridad; a veces no recibes la retribución de inmediato, al contrario, te pueden señalar injustamente de malhechor. ¿Sabes cuáles son las puntillas que reciben golpes en la cabeza? Las rectas, porque las torcidas no sirven. Algo parecido ocurre con las personas íntegras. Siempre recibirán golpes, reveses, insultos, etc., pero Dios se encargará de darle a cada uno su retribución.

¿Qué ocurrió con José en la cárcel? Una vez más demostró de qué estaba hecho. No le importó su nueva condición. Privado de su libertad, dio lo mejor que él tenía, sirviendo a sus compañeros de celda y ayudando al carcelero en sus labores. ¿El resultado? Fue delegado como el administrador de la cárcel. Todo lo que José hacía, Dios lo prosperaba. Esto es evidencia de que no importa el lugar donde estés, que tan distante estés de las luces, porque cuando haces las cosas bien, un día serás expuesto en el lugar que realmente mereces. Todo el talento que trabajaste en soledad bajo la oscuridad de la madrugada, quedará expuesto bajo el resplandor de un escenario. Tienes que ser como la semilla, que germina en las tinieblas, bajo la tierra, creciendo sin que nadie la vea, hasta convertirse en un árbol que da fruto y sombra a quienes en él se cobijan.

Aunque las condiciones de vida de José habían mejorado, seguía padeciendo como un recluso, pagando una condena injusta. Pero la integridad siempre da buenos frutos. Dios siempre se encarga de darle a cada uno lo que se merece. Pues ocurrió que dos hombres, que eran funcionarios del faraón, llegaron a la cárcel. Uno era copero del rey, y el otro, panadero. Ambos tuvieron un sueño que José pudo interpretar. El sueño de los hombres se cumplió, tal como José lo había dicho. Uno de ellos, el copero del rey, intercedió ante faraón para que José interpretara un sueño que lo tenía inquieto. Seguramente has escuchado la historia: Un sueño que tuvo el hombre más poderoso de entonces, sobre siete vacas gordas que eran devoradas por siete vacas flacas. Además de que José pudo interpretar el sueño, como siete años de prosperidad que serían devorados por siete años de escasez, también ofreció alternativas de solución para la crisis que se avecinaba.

¡Faraón quedo impresionado! No solo por la interpretación del sueño, sino por la capacidad administrativa de José. Después de escuchar a José, expresó: «¿Acaso encontraremos a alguien como este hombre, tan claramente lleno del espíritu de Dios?» (Génesis 41.38). Dicen lo que conocen mejor de historia y geopolítica, que el cargo asumido por José en Egipto fue la primera figura de primer ministro en la historia. Faraón era la figura del rey, pero nada se movía en Egipto sin la autorización de José. La soberanía de Dios, usando su integridad, lo llevó al lugar que merecía.

Si lo meditamos bien, difícilmente podríamos caer en tantas calamidades juntas como José: Fue odiado por sus hermanos, al punto que tenían intenciones de matarlo; finalmente fue vendido como esclavo. «Trata de blancas», le llamaríamos hoy, pero más aberrante aún, tratándose de un hermano. Luego de ser tratado como mercancía, vivió sometido a la esclavitud; después, privado de la libertad por una calumnia. ¿Cómo responderíamos la mayoría de nosotros ante tanto atropello? Digámonos la verdad: Con el corazón lleno de rencor por las injusticias de la vida, pagaríamos con la misma moneda, incluso blasfemando del que está Sentado en el Trono. Pero José fue diferente. Permíteme resumir las lecciones que podemos recoger de este precioso relato:

- Ama a las personas, siendo consciente de que te pueden fallar en cualquier momento, incluso los más cercanos. El ser humano es hermoso pero peligroso.
- Cuando cuentas tus sueños y trabajas por alcanzarlos, los envidiosos estarán al acecho.
- Las mentes pequeñas no soportan que brilles; van a tratar de apagarte. Prepárate para ello.
- No importa lo que te sucede sino lo que haces con aquello que te sucede.
- Sé fiel en lo poco, y Dios te pondrá en lo mucho.
- La verdadera integridad se mide en aquellas cosas que haces cuando nadie te ve.
- Tu corazón es engañoso y perverso; solo cuando se lo entregas a Dios, él te dará un nuevo corazón, habilitado para hacer nuevas todas las cosas.
- Dale prioridad a tus principios antes que a tus anhelos.
- Dios se encargará de ponerte en el lugar que te mereces. Confía en él y él hará.

*Sí se puede conquistar el sueño americano*

Mi familia, el mejor tesoro

## De cada falla he aprendido.

Sigo trabajando en mi preparación, y eso requiere Invertir tiempo para aprender. Algunos sacan la excusa de la falta de tiempo. Admito que la carrera en la que vamos cada día nos hace pensar que no tenemos espacio para una actividad más, porque estamos concentrados en lograr nuestros objetivos, pero esto es un grave error. Permíteme ilustrarlo con una sencilla historia:

Un hombre fue a solicitar trabajo en una finca. Fue contratado para talar árboles. Asumió su trabajo con la mejor actitud. El primer día cortó 18 árboles. Como su pago incluía bonificaciones por aumentar su productividad, se propuso cortar más árboles al día siguiente, así que se levantó más temprano. Cuando terminó el día, para su sorpresa solo logró cortar 15. Pensativo, concluyó que tal vez le faltó descanso, así que se fue a descansar más temprano para reponer sus fuerzas. Al día siguiente empezó temprano sus labores. Al final de su jornada, logró talar solamente 10 árboles. No sabía qué estaba pasando, pero no declinó en su propósito. ¿Sería su actitud? ¿Su falta de pensamiento positivo? Madrugó más que los días anteriores, pero sus resultados empeoraron: contó 7 árboles talados al caer la tarde. Finalmente, el último día de trabajo presentó su renuncia cuando solo pudo cortar dos árboles después de una ardua jornada. Cuando le entregó la carta de dimisión al capataz, dijo que no entendía su bajo rendimiento, pero que prefería renunciar a seguir con tan malos resultados. El capataz, intuyendo lo que ocurría, le preguntó al hombre: «¿Cuándo fue la última vez que afilaste la sierra?». Esta historia está inspirada en el libro *7 hábitos de la gente altamente efectiva*, de Stephen R. Covey; para más contenido, aprende cómo afilar la sierra en el séptimo hábito que plantea este autor.

Te animo a que, si sientes que no vas en el camino correcto, que trabajas mucho y no logras resultado, hagas un alto en el sendero. Debes reflexionar y hacer cambios, pero lo más importante, sé consciente de todo lo que puedes lograr con la sierra afilada. Pregúntate cada día: ¿Lo que hago realmente me conducirá al lugar que tengo como meta? ¿Cómo puedo hacerlo mejor? ¿Qué actividad está desgastando mi efectividad? ¿Cuál es mi sierra? ¿Cómo puedo afilarla?

He tenido muchos errores, y los sigo teniendo, pero no ha sido impedimento para llegar a donde estoy. No hay mejor afiladero de sierras que la educación. Como lo enseña Robert Kiyosaki en su libro *Padre rico, padre pobre*, no se puede mejorar financieramente si no lo hacemos mejorando nuestra educación financiera. Te animo a continuar formándote; tu preparación en el ramo en que Dios te puso es fundamental. Todo el esfuerzo y el tiempo que inviertas en aprender cómo hacer mejor las cosas va a retornar con grandes dividendos. Jamás he visto que el tiempo invertido en la televisión dé retornos; nunca el tiempo perdido en el smartphone ha resultado en ganancias. Con una hora diaria que dediques a prepararte, en un año o dos te convertirás en un experto en la materia. En la era de la información y las facilidades de la internet, nadie tiene excusa para no aprender. Uno de los contenidos más vistos en YouTube son los tutoriales. Hay mucha basura en la internet, pero puedes filtrar el contenido y seleccionar lo mejor. No todo es de desechar. Ya lo sabes, no tienes excusa para pulir tu propia persona y mostrarle al mundo la mejor versión de ti mismo.

    Además de todo el material que puedes encontrar para crecer en tu formación, necesitas un mentor, alguien que haya alcanzado las metas que te has propuesto. Puedes encontrarlo en las páginas de la historia: hombre y mujeres que han logrado cosas extraordinarias. También, en personas vivas que, aunque no son cercanas a ti, puedes acceder a sus historias y consejos a través de medios virtuales. De mi parte, puedes contar con todo mi apoyo. En el capítulo final de este libro encontrarás los medios para contactarme a través de la internet. Espero que estés atento a mi próximo libro, donde hablaré sobre los pasos que di para tener un negocio de éxito. Te contaré de un modelo que seguí, y que puede ser aplicado a cualquier tipo de negocio, sin importar el nicho de mercado. Gracias por acompañarme hasta aquí y espero que no sea un adiós sino un hasta luego. ¡Te envío un fuerte abrazo!

*Sí se puede conquistar el sueño americano*

## Sobre la autora

Miriam Landin es bussiness leader de la compañía *Tupperware*, una empresa de clase mundial dedicada a la comercialización de plásticos para la cocina. Fue nombrada directora del año 2014 en la misma compañía. Como parte de su compromiso con la sociedad también ha participado y contribuido en diferentes actividades a través de la iglesia cristiana. Miriam se convirtió en la primera hispana directora ejecutiva estrella en el año 2018. Ampliando su conocimiento, Miriam ha recibido diferentes reconocimientos en temas como motivación y liderazgo para la fuerza de ventas; entre ellos, certificaciones y participaciones en cursos de Jhon Maxwell.

Conoce más de la autora:

Página web: www.miriamlandin.com
Facebook: Miriam la señora del tupper

Made in the USA
Columbia, SC
09 October 2022